헬라어적 관점과 역사론적 관점과

관용어적 관점으로 본

하존 요한 계시록 6

오흥복 지음

이 책을 선택하신 여러분은 탁월한 선택을 하셨습니다. 왜냐하면,
한국에서 이 세 가지 관점으로 요한 계시록을 쓴 책은
저밖에 없기 때문입니다.

헬라어적 관점과
역사론적 관점과
관용어적 관점으로 본

하존 요한 계시록 6

초판1쇄 2020년 3월 30일

지은이 : 오흥복
펴낸이 : 이규종
펴낸곳 : 엘맨
서울시 마포구 토정로222 한국출판콘텐츠센터 422-3
출판등록 제1998-000033호(1985.10.29)
전화 : (02) 323-4060
팩스 : (02) 323-6416
이메일 : elman1985@hanmail.net
www.elman.kr
ISBN 978-89-5515-673-7 03230

이 책에 대한 무단 전재 및 복제를 금합니다.
잘못된 책은 구입하신 서점에서 바꿔드립니다.

값 12,800 원

계시라는 말에는 헬라어 '아포칼륍시스'와 히브리어 '하존'이라는 말이
있는데 '아포칼륍시스'는 자연계시, 일반계시, 특별계시를 모두 포함한
광억적인 계시를 말하고, 히존이란 한 가지 주제에 포커스(쵸점)을 맞추고
집중 조명하는 계시인데 저는 종말에 포커스를 맞추었기에
하존 요한 계시록이란 책을 쓰게 된 것입니다.

http://cafe.daum.net/dhbsik
(서울 순복음 은총교회 홈페이지)

위 카페에 들어오시면 퍼즐 레마 성경공부와
서울 순복음 은총 교회와 기도응답 전문학교에서 강의한
강의 내용을 동영상으로 보실 수 있습니다.

목차

서문 / 8

계시록 20장 / 13

오흥복 목사의 저서 시리즈 / 57

서문

지금으로부터 7년 전 제가 27권의 책을 쓰고, 이제 쓸 책은 다 썼다 생각하고 무료하게 시간을 보내고 있던차, 어느 지인 목사님의 "요한 계시록 세미나에 함께 참석해 보시지 않겠느냐"는 제안에 그 목사님과 하루 3시간짜리 세미나에 딱 한 번 참석하게 되었습니다. 강의를 들으면서 뭔가 90% 부족하다는 생각이 들며 집에 왔는데 그때부터 저의 머릿속에 요한 계시록을 저렇게 해석하면 되겠느냐는 여운이 사라지지 않고, 기도할 때마다 그 여운이 떠오르곤 했습니다. 그렇게 떠오르길 한달 그때 주님의 음성이 들려왔습니다. "그러면 네가 한번 요한 계시록을 해석해 보면 어떻겠느냐"는 제의였습니다. 그때 저는 주님께 당돌하게 대답했습니다. "알겠습니다. 주님! 제가 해보겠습니다". 그러자 주님께서 "그러면 어떻게 해석해 보려고 하느냐"라고 하셔서 저만의 특징을 살려 "헬라어적 관점과 역사론적 관점으로 한번 해석해 보겠습니다"라고 대답한 후 3개월 만에 요한 계시록 세미나를 했습니다.

이렇게 요한 계시록 세미나 강의를 7번 하던차, 저의 영감에 떠오른 생각은 "요한 계시록은 관용어로 기록되었구나"하는 것이었습니다. "그러므로 관용어를 알지 못하면 아무리 헬라어적 관점과 역사론적인 관점으로 본다고 해도 요한 계시록을 제대로 해석한다는 것은 불가능하겠구나"하는 생각이었습니다. 그래서 창세기부터 요한복음에 이르기까지의 관용어를 다 찾아내서 관용어를 정리해 "관용어로 본 성경"

이란 책을 쓰게 되었고, 그때 요한 계시록도 관용어로 정리하게 되었습니다. 그래서 본 책의 제목을 헬라어적 관점과 역사론적 관점과 관용어적 관점으로 본 하존 요한 계시록이라는 제목을 붙이게 된 것입니다.

여기서 헬라어적 관점이란 헬라어 단어를 찾아 그 단어가 어떻게 태동했는지 그 유래를 찾아 정리했는데 제7장까지 그 작업을 했습니다. 제7장 이후에는 대부분의 단어가 반복되기에 더 이상 유래를 찾아 정리할 필요가 없어 제7장까지만 정리했습니다. 또한 개정성경의 요한 계시록 각 장의 구절을 헬라어로 요한 계시록 1장부터 22장까지 해석해서 정리했습니다.

그리고 역사론적 관점은 저의 책 "다가온 종말론"을 참고해 요한 계시록 중간 중간에 역사적인 이야기를 삽입해 기록했습니다. 여러분들도 역사론적 관점으로 요한 계시록을 알고 싶으시면 저의 책 "다가온 종말론"을 꼭 읽어보셨으면 합니다. 그런데 여러분들이 요한 계시록을 더 깊이 연구하고 싶으시면 이 '다가온 종말론'이란 저의 책을 반드시 구입해서 읽어보셔야만 합니다. 왜냐하면, 소 계시록인 마24장과 25장과 다니엘서에 기록된 역사와 주후 70년 예루살렘 멸망시 사건을 역사론적인 입장에서 아주 잘 정리해 기록해 놓았기 때문입니다.

또한 관용어적 관점으로 기록했는데 관용어란 히브리어로 '마샬'이라 하는데 이 말은 잠언을 말하는 말인데 그 뜻은 "속담, 격언, 관용어"란 뜻을 가지고 있습니다. 그런데 이 마샬에서 비유라는 사복음서의 파라볼레(관용어)가 유래 되었는데 이를 관용어라 합니다. 그런데 놀랍게도 요한 계시록은 제1장부터 22장까지 이 마샬(파라볼레)

로 다 연결 되어 있습니다. 그러므로 이 관용어를 알지 못하면 관용어라는 비밀코드로 되어 있는 요한 계시록을 아예 해석 할 수 없게 되어 있는 것입니다. 그래서 저의 책 하존 요한 계시록이란 책은 특별히 이 관용어를 자세히 다루고 있는 것입니다. 그러므로 여러분들이 이 책을 보시면 관용어라는 비밀코드로 되어 있는 요한 계시록을 잘 이해하게 될 것입니다.

또한 계시라는 말에는 헬라어 '아포칼륍시스'와 히브리어 '하존'이라는 말이 있는데 '아포칼륍시스'는 자연계시, 일반계시, 특별계시, 기타등등의 계시라 해서 광역적인 계시를 다 다루는 것을 말하고, 하존이란 한 가지 주제에 포커스(초점)을 맞추고 집중 조명하는 것을 말하는데 저의 책이 하존 요한 계시록입니다. 즉 이는 종말에만 포커스를 맞추고 요한 계시록을 해석했다는 뜻입니다. 이 책을 선택하신 여러분은 탁월한 선택을 하신 것입니다. 왜냐하면, 한국에서 이 세 가지 입장에서 요한 계시록이란 책을 쓰신 분도 없고, 이 세 가지 입장에서 세미나를 하시는 분도 한 분도 없기 때문입니다. 특별히 관용어적 관점으로 요한 계시록이란 책을 쓰신 분은 저밖에 없기 때문입니다.

2019년 9월
서울 순복음 은총교회 오흥복 목사 드림

계시록 20 장

l 계 20 장

무저갱에 가두기 위해 큰 쇠사슬을 가지고 내려오는 천사

계시록 20장 1절을 보면 "또 내가 보매 천사가 무저갱의 열쇠와 큰 쇠사슬을 그의 손에 가지고 하늘로부터 내려와서" 라고 했는데 백마강림부터 천년왕국까지 도표를 잠시 언급하자면 주님과 성도가 백마를 타고 지상으로 내려오다 공중에서 말씀의 검으로 적그리스도와 불신자를 죽이는 것을 아마겟돈 전쟁이라 한다. 그리고 두 짐승을 유황이 붙는 불 못에(무저갱) 가두고(계 19:20) 이 죽은 시체를 없애는 것을 새들의 잔치라 하고, 새들의 잔치가 끝난 후 용과 마귀와 귀신들을 무저갱이라 하는 곳에 가두면 45일 재앙이 완전히 끝이 난다(20:2~4). 그리고 예수님과 성도들의 백마가 땅에 닿는 순간을 지상 재림이라 하고, 주님의 발과 성도들의 발이 지상에 닿는 순간을 지상혼인 잔치라 해서 이때 첫째 부활이 이루어지고 천년왕국이 시작된다.

'또 내가 보매' 하고 있는데 이 말이 나오면 문장과 환상이 전환되기에 문장과 환상 전환 관용구라 한다. 이는 이제 아마겟돈 전쟁이 끝나고 새로운 말씀이 진행된다는 뜻이다. '천사가' 하고 있는데 이 천사가 어떤 천사인지 확실히 알 수는 없지만 혹자는 미가엘 천사장이라 하는데 계시록 9장 1절을 통해 볼 때 우리엘 천사장일 가능성이 가장 높다.

'무저갱'의 헬라어는 '아뷔스수'로 70인 역에서는 심연의 깊은 물이나 땅 속 깊은 곳을 가리키는 것으로(창 1:2;7:11; 시 71:20;107:26) 이곳은 우주 안에 존재하고 있다(계 19:20). 왜냐하면 처음 마귀를 가둔 곳이 유다서 1장 6절에 기록되어 있고 베드로후서 2장 4절엔 흑암(지옥)에 가두었다고 했는데 창세기 1장 2절에 보면 우주를 창조했는데 벌써 흑암이 있었다고 함으로 유다서 1장 6절의 흑암은 바로 우주를 말하기 때문이다. 또한 이곳을 계시록 11장 7절에서는 적그리스도라는 사람이 나타나기 전에 있었던 장소로 말하고 있고, 본 절 2, 7절에서는 천 년 동안 사탄이 갇힌 감옥으로 나온다(계 19:20에서는 유황불 붙는 못으로 나옴).

"천사가 무저갱의 열쇠와" 하고 있는데 열쇠는 가두는 도구로 우리엘 천사장이 마귀를 무저갱에 가두기 위해 내려오는 것을 말한다(눅 8:31;계 1:18;8:10,11;9:1,2,11;11:7;17:8;에녹1서 19:1;20:2).

"큰 쇠사슬" 하고 있는데 이 쇠사슬에 해당하는 헬라어는 '할뤼신'으로 이는 베드로가 감옥에서 주의 사자에 의해서 풀려날 때 손에서 벗겨진 쇠사슬(할뤼세이스)과 같은 단어이다(행 12:7). 그런데 본 절에서 큰 쇠사슬이라 함으로 이는 작은 존재를 결박하는 쇠사슬이 아니라 큰 존재를 결박하는 도구로 큰 존재라 하면 바로 지옥의 악신인 사탄을 결박하는 도구인 것이다.

관용어적으로 열쇠란 절대 권한이나 권세를 말하는 말하며, 열쇠는 가두는 도구이고 쇠사슬은 결박하는 도구이다.

천년설과 천년왕국에 대하여

계시록 20장 2절을 보면 "용을 잡으니 곧 옛 뱀이요 마귀요 사탄이라 잡아서 천 년 동안 결박하여" 하고 있는데 본 절은 계시록 12장 9절과 동일한 표현으로 하나님을 대적한 악한 자에 대한 호칭을 네 가지로 진술하고 있다. 왜 이렇게 같은 존재를 네 가지 호칭으로 분리했는지는 저의 책 계 12:9절을 참고하라.

"잡아서" 하고 있는데 여기서 '잡아서'라는 말의 헬라어 '에크라티센'은 '힘'을 의미하는 '크라토스'에서 유래한 단어로 능력을 행하여 구속하는 것을 의미한다(마 26:50).

한편 '천 년 동안 결박하여'라는 말의 헬라어는 '에데센(데오=묶다) 아우톤(3인칭 대명사=그) 킬리아(천) 에테(해, 년)'로 그 뜻은 '그를 천 년 동안 묶다'로 마귀를 천 년 동안 결박했다는 말이다. 그런데 여기서 마귀를 천 년 동안 결박하고 무저갱에 가두었다는 말이 나옴으로 천년설이 나오게 되었는데 여기에는 무 천년설, 후 천년설, 전 천년설이 있다. 그런데 이렇게 천년설이 나누어지게 된 배경은 예수님의 재림이 천년왕국 전에 있느냐 아니면 천년왕국 후에 있느냐에 따라 나누어지고 있다.

첫째로 무 천년설이 있다.

무 천년설은 천년을 상징으로 보아 실재로 천년왕국이 존재하는 것이 아니라 초림부터 재림까지 기간으로 보는 설을 말하는데 때로는 천년왕국을 천국으로 보기도 한다. 어거스틴도 초기에는 전 천년설을 주장했지만 후기에는 무 천년자가 된다. 그런데 그가 전 천년설에서 무 천년설을 주장한 이유 중 하나는 주후 156년 몬타누스파가(몬타니즘이란 이단과는 구별됨) 천년왕국만 기다리며 신비주의와 광신적으로 신앙 생활하는 것에 대한 반감 때문에 무 천년자가 된다. 그러나 이들은 이단이 아닌 기독교 정식 교단이었다. 어거스틴은 또한 곡(적그리스도)과 마곡(적그리스도의 나라)의 배교를 아마겟돈 전쟁으로 봄으로 무 천년자가 된다. 그는 부활과 동시에 최후의 심판이 있을 것이라 믿었다.

둘째로 후 천년설이 있다.

후 천년설이란 예수님의 재림이 천년왕국 후에 있다고 주장하는 자들로 이들에게 있어 천년왕국이란 복음의 황금시대를 말하고, 인간성 향상이 이루어지고 악이 감소하는 시대를 말한다.

셋째로 전 천년설이 있다

전 천년설은 예수님의 재림이 천년왕국 전에 있다는 말로 예수님 시대부터 주후 400년 어거스틴 이전의 모든 신학자들이 주장했던 학설인데 어거스틴으로 말미암아 무 천년설과 후 천년설이 등장하기 시작한다. 그 후 모든 신학은 무 천년설이 지배를 하다 20세기인 1900년대에 이르러서 근본주의자들(말씀을 문자적으로 믿는 자들)에 의해 다시 전 천년설이 등장하게 된다. 이 부분은 저의 책 계 5:10절을 반드시 참고하라.

이 전 천년설의 기본 구도는 공중 재림이 있은 후~〉7년 환난이 있고~〉아마겟돈 전쟁이 있고~〉지상 재림이 있고~〉천년왕국이 있고~〉곡과 마곡의 전쟁이 있은 후~〉최후심판이 있다는 구도이다. 그런데 이 전 천년설도 다시 세대주의적 전 천년설과 역사적 전 천년설과 역사론적 전 천년설이 있다. 여기서 역사론적 전 천년설은 제가(오흥복) 만든 용어이다.

1) 세대주의적 전 천년설은 우주가 6일 동안 창조되었고, 7일째 되던 날 안식하셨다고 함으로 예수님의 재림을 아담 이후 6천년으로 보아 예수님이 6천년 후에 재림한다는 설인데 그러나 이 주장은 벌써 빗나갔다. 왜냐하면 벌써 육천 년이 훨씬 지났기 때문이다.

2) 역사적 전 천년설은 7년 환난 후 지상 재림이 있게 되고~〉천년왕국이 있고~〉나머지는 전 천년설과 동일하다. 그러나 이들은 재림이 지상 재림 한 번만 있다고 주장함으로 다른 전 천년설과는 다르다.

3) 역사론적 전 천년설은 저 오흥복의 주장으로 전 삼년 환난이 끝나면~> 공중 재림이 있고(계 6:11;7장)~> 후 삼년 반(45일 대접재앙 포함) 환난(계 16장)~> 아마겟돈 전쟁(계 19:15)~> 사단을 무저갱(옥)에 가두고(계 19:20)~> 새들의 잔치 후(계 19:21)~> 주님의 백마가 땅에 닿는 지상 재림이 있게 되고~> 주님이 말에서 내려 주님의 발이 땅에 닿는 순간 지상혼인 잔치가 이루어져 첫째 부활이 있게 되고(계 20:4) 천년왕국이 시작된다(계 20:5)~> 곡과 마곡의 전쟁 후(계 20:8)~> 최후심판(계 20:11)~> 천당과 천국과 지옥에 간다(계 20:14).

관용어적으로 성경적인 천년설은 전 천년설로 이는 예수님과 제자들과 주후 400년까지 주장했던 설이다.

마귀를 천년왕국이 끝난 후 풀어준 이유

계시록 20장 3절을 보면 "무저갱에 던져 넣어 잠그고 그 위에 인봉하여 천년이 차도록 다시는 민국을 미혹하지 못하게 하였는데 그 후에는 반드시 잠깐 놓이리라." 하고 있는데 이사야서는 천년왕국으로 들어오는 출 바벨론을 기록한 책이고, 에스겔서는 천년왕국과 후와 새 예루살렘에서 있을 법규가 기록되어 새로운 율법이 나오고 새 성전을 섬기는 법이 나오는 책이다(겔 38:16).

'무저갱에 던져 넣어 잠그고 그 위에 인봉하여' 하고 있는데 이는 마귀를 큰 쇠사슬에 결박한 후, 무저갱의 뚜껑을 열고 천 년 동안 넣고 감금했다는 말이다.

"만국을 미혹하지(플라네세) 못하게 하였는데" 하고 있는데 주석가들은 여기서 '만국(타 에드네)'이라는 말을 난해 구절로 취급해 해석상 어려워한다. 왜냐하면 앞장에서 메시아와 적그리스도의 전쟁에 인류가 참가하였으며 적그리스도를 따르던 왕들과 군대는 메시아에 의해 패배한 것으로 나타나기 때문이다(계 19:18~21). 그럼에도 불구하고 본 절에서 다시 '만국'이 언급되고 있기 때문이다. 그러나 제가 앞에서 여러 번 언급했듯이 이방인들이 아마겟돈 전쟁에 99.9%로 참여했지만 그중 1%로는 참여하지 못했다(계 19:15). 그런데 그 남겨진 극소수의 이방인들이(불신자) 45일 대접재앙이라는 낙타가 바늘귀를 통과하는 것 같이 통과해 천년왕국에 육체를 가지고 들어간다. 그리고 이들이 천년왕국 후 곡과 마곡의 군대가 된다. 지금 만국은 이 육체를 가지고 천년왕국에 들어온 극소수의 불신자들을 말한다.

또한 여기서 만국이라 함으로 천년왕국이 다른 곳에서 이루어지는 것이 아니라 이 땅에서 이루어짐을 알 수 있다.

"그 후에는 반드시 잠깐 놓이리라" 하고 있는데 이 말의 헬라어는 '뤼데나이(뤼오=풀어주다) 미크론(미크로수=잠시) 크로논(크로노스)'로 그 뜻은 '잠깐 동안 풀어주다'라는 말로 여기서 '크로노스'라는 사람의 시간이 붙었기에 이는 진짜 잠깐 풀어준다는 말이다.

이는 마치 가인의 후손과 아벨(셋)의 후손을 필터 하는 과정이 노아 홍수였던 것 같이 천년왕국 후 마귀를 잠깐 풀어준 이유는 육체를 가지고 천년왕국에 들어온 자들(불신자들과 성도)의 믿음을 필터하기 위해서이다. 이 마귀의 미혹이라는 필터를 통해 믿음 있는 자와 없는 자를 테스트 할 것이다. 그런데 여기서 셋의 후손과 가인의 후손을 홍수로 필터 했더니 8명만 남은 것 같이 천년왕국 후 마귀의 미혹으로 필터해본 결과 에스겔 38장 16절에 의하면 수많은 사람들이 배교를 해 곡과 마곡의 편에 서게 된다는 것이다. 다시 말해 노아홍수 필터 결과 8명만 남은 것 같이 천년왕국 후에 미혹으로 필터 한 결과 참 믿음을 가지고 있는 성도는 그리 많지 않게 된다는 말이다.

관용어적으로 마귀를 천년왕국이 끝난 후 풀어준 이유는 노아 홍수 때처럼 육체를 가지고 천년왕국에 들어온 성도와 불신자를 필터하기 위해서였다.

살아서 천년동안 왕 노릇 힐 자들

계시록 20장 4절을 보면 "또 내가 보좌들을 보니 거기에 앉은 자들이 있어 심판하는 권세를 받았더라 또 내가 보니 예수를 증언함과 하나님의 말씀 때문에 목 베임을 당한 자들의 영혼들과 또 짐승과 그의 우상에게 경배하지 아니하고 그들의 이마와 손에 그의 표를 받지 아니한 자들이 살아서 그리스도와 더불어 천 년 동안 왕 노릇 하니" 하고 있는데 본 절부터 계시록 22장까지는 내용이 아주 복잡하다. 그러므로 잘 이해하며 이 책을 봐야 한다. 먼저 본 절을 보면 환상전환 관용구가 두 개가 나온다. 첫번째는 보좌에 앉은 자들이고, 둘째는 후 삼년의 순교자들이 살아나서 첫째 부활에 참여하는 것이다.

"보좌들을 보니 거기에 앉은 자들이 있어 심판하는 권세를 받았더라." 하고 있는데 여기서 "앉은 자들이 있어"라는 말의 헬라어는 '에카디산(카디조=앉다) 에프(위에) 아우투스(3인칭대명사, 복수, 남성, 그(남자)들을)'로 '그것들 위에 앉았다'라는 말로 여기서 '아우투스'는 3인칭 남성 복수로 앞의 보좌를 대신 수식하고 있다. 그러므로 여기에 있는 보좌는 하나님의 보좌도 아니고 또한 예수님은 지상 재림했기에 예수님의 보좌도 아닌 복수로 되어 있다. 보좌 중에 복수는 24장로의 보좌밖에 없다. 그러므로 이 보좌는 24장로들의 보좌이며 24 장로를 말하고 있다. 그래서 공동 번역에서 '자들'을 '사람들'로 해석하고 있다. 이 24장로에 대하여는 저의 책 계 4:4절을 반드시 참고하길 바란다. 또한 여기서 심판하는 권세를 받았다는 말은 최후의 심판에 배심원이 되었다는 말이다. 보좌에 대한 부분은 저의 책 계 3:21절을 참고하기 바란다. 또한 배심원 부분은 본장 12절을 반드시 참고하라.

그렇다면 왜 24장로는 공중 재림에도 동참하지 않고 또한 지상 재림에도 동참하지 않고 보좌에 앉아 있을까? 24장로는 이미 보좌에(왕노릇 하기에) 앉아 있기에 공중 재림이나 첫째 부활이나 천년왕국이나 백보좌 심판을 받지 않고 오히려 최후의 심판 때 배심원이 된다. 우리가 공중 재림에 참석하든지 아니면 첫째 부활에 참여해야 할 이유는 주님과 함께 보좌에 앉아 영원히 왕 노릇 하기 위해서이다. 그런데 24장로는 이미 보좌에 앉아 면류관을 쓰고 왕 노릇하고 있기에 공중 재림이나 첫째 부활이 필요 없는 것이다. 왜냐하면 마태복음 19장 28절을 보면 "예수께서 이르시되 내가 진실로 너희에게 이르노니 세상이 새롭게 되어 인자가 자기 영광의 보좌에 앉을 때에(주님이 보좌에 앉을 당시 제자들도 같이 앉았음) 나를 따르는 너희도 열두 보좌에 앉아 이스라엘 열두 지파를 심판하리라." 하며 주님이 승천하여 보좌에 앉으셨을 때 제자들도 역시 열두 보좌에 같이 앉았다는 것이다. 그러나 성도들이 보좌에 앉는 것은 공중 재림에 참여하든지 아니면 첫째 부활에 참여한 자들만 천년왕국이 끝난 후 보좌에 앉아 주님과 함께 영원히 왕 노릇 하는 것이다.

"예수를 증언함과 하나님의 말씀 때문에 목 베임을 당한 자들의 영혼들과 또 짐승과 그의 우상에게 경배하지 아니하고 그들의 이마와 손에 그의 표를 받지 아니한 자들이 살아서" 하고 있는데 이들을 한마디로 말하면 후 삼년 반의 순교자들로 그들이 후 삼년 반의 순교자들이란 증거는 "짐승, 우상에 경배, 이마나 손의 표"라는 말 때문이다. 또한 영혼들이라는 말의 헬라어 '프쉬카스'가 계시록에서는 순교로 죽은 영혼들을 말할 때 쓰는 단어이기 때문이다(계 6:9).

한편 '살아서'의 헬라어 '에제산(자오)'은 육체적인 부활을 지칭할 때 사용되는 단어로 계 1:18;2:8;13:14;마 9:18;요 11:25;행 1:3;9:41;롬 14:9 등에 나온다. 그래서 다른 번역 성경에서는 "살아나서"로 번역해 죽었다가 살아난 것을 말하고 있고, 본장 5절에서는 그것을 첫째 부활이라고 말하고 있다.

그렇다면 이들이 살아난 시점은 언제인가? 이들은 새들의 잔치 후 주님이 "말"에서 내려 땅에 발을 닿는 순간 살아났다. 이렇게 살아난 자들이 바로 첫째 부활에 참여한 자들이다. 그렇다면 이들은 순교당한 후 어디서 영혼이 대기하고 있었을까? 순교자들은(계 15:2) 낙원, 제단(계 16:7), 유리 바닷가에서 대기하고 있다가 주님이 땅에 발을 닿는 순간 지상 혼인 잔치에 참여하기 위해 살아난 후, 천년왕국에서 주님과 함께 왕 노릇 한다. 그렇다면 지상혼인(천년왕국) 잔치에 참여하는 자들은 누구인가? 첫째로 인 맞은 아내로 공중 혼인 잔치에 참여했던 자들이고(계 7;19:7), 둘째로 살아서 첫째 부활에 참여한 순교자들이고(6절)이고, 셋째로 청함 받은(들러리) 성도들이고(계 19:9), 넷째로 대접 재앙을 통과한 1%의 불신자들이다. 이들도 천년왕국에 참여하게 된다. 그러나 이들은 후에 곡과 마곡의 백성이 된다.

"그리스도와 더불어 천 년 동안 왕 노릇 하니" 라고 했는데 그렇다면 예수님과 더불어 천 년 동안 왕 노릇 할 자들은 누구인가? 첫째는 공중혼인 잔치에 참여한 성도들이고, 둘째는 본 절에서 살아난 후 삼 년 반의 순교자들이다. 승천한 자들과 부활한 자들은 다르다. 예수님도 부활만 하신 것이 아니라 부활 후 40일 동안 이 땅에 계시다 승천하셨다(행 1:3). 마찬가지로 성도 중에는 부활만 한 성도가 있고, 부활 후 승천한 성도가 있는데 승천한 성도들은 계시록 7장에서 부활 후 승천해 공중 혼인 잔치에 참석한 성도들을 말하고, 부활만 한 성도들은 본절과 같이 살아나서 첫째 부활에 참석한 성도들을 말한다.

관용어적으로 살아서 천 년 동안 왕 노릇한다는 말은 승천한 자들이 아닌 이 땅에서 살아난 순교자들을 말한다.

첫째 부활에 대하여

계시록 20장 5절을 보면 "(그 나머지 죽은 자들은 그 천 년이 차기까지 살지 못하더라) 이는 첫째 부활이라." 하고 있다. "그 나머지(로이포이) 죽은(네크로스) 자들은" 하며 그 나머지 죽은 자들이라 함으로 이는 공중혼인 잔치와 첫째 부활에 참여하지 못하고 천 년 동안 수면하게 될 죽은 모든 신자들과 모든 불신자들을 말한다.

"그 천 년이 차기까지 살지 못 하더라." 하고 있는데 이는 남겨진 모두를 말하는 말로 이들은 천 년 동안 수면에 놓여 고통도 기쁨도 없이 잠을 자게 될 것이다(여기서 수면이란 죽은 사람들의 영혼이 천 년 동안 잠을 잔다는 말이다). 그런데 이 천 년 동안 수면하게 될 대상자는 구약의 신자와 신약의 신자와 모든 불신자들과 사탄과 두 짐승과 타락한 천사들을 의미한다. 그러나 신자와 성도는 다르다. 성도는 물과 성령으로 거듭나서 인 맞은 자들을 말하고(생명책에 기록되고 인 맞은 자들), 신자는 물로만 거듭난 자들로 인 맞지 못한 자들을 말한다(생명책에는 기록되었으나 인 맞지 못한 자들). 초대교회에서 인침을 받았다는 말은 침례(물) 받고 성령 받은 것을 말한다. 한편 '살지 못 하더라'는 말의 헬라어는 '우크(결코~하지 못하다)에제산(아나자오=다시 살아나다)'로 그 뜻은 '결코 다시 살아나지 못하리라'는 말로 천 년이 지나기까지 육체적인 부활이 결코 없음을 강조하고 있다.

'이는 첫째 부활이라' 하고 있는데 이 말의 헬라어는 '헤 아나스타시스(부활) 헤 프로테(프로토스=가장 먼저)'로 그 뜻은 '첫째 부활'이라는 말이다. 이렇게 첫째 부활이 있다는 것은 둘째 부활도 있다는 것이다. 비록 본 장에서 둘째 부활에 대한 언급이 없더라도 첫째 부활을 말했기에 둘째 부활도 있는 것이다. 첫째 부활이 이렇게 주님과 함께 왕노릇 하기 위한 부활이라면 둘째 부활은 최후의 심판을 받기 위한 부활을 말한다. 여기에 참예할 대상자는 구약의 신자들과 신약의 신자들과 모든 불신자들이다.

그렇다면 본 절의 첫째 부활이라는 표현이 과연 적절한 표현인가?
첫째로 본장 5~6절의 부활을 따지고 보면 첫째 부활이 아닌 5~6번째 부활이다.

본장 5, 6절의 부활은 따지고 보면 첫째 부활이 아닌 5, 6번째 부활이다. 왜냐하면 회당장 야히로의 딸과 나사로와 나인성 과부의 청년아들과 예수님이 부활하실 때 살아난 자들과 사도행전 9장의 다비다와 데살로니가 4장 16,17절을 보면 공중 재림 시 죽은 자들이 부활했고, 그 다음 산자들이 공중잔치에 참여했고(살전 4:17), 그리고 계시록 11

장 12절에 두 증인이 부활했기에 엄밀히 따지면 본 절의 부활은 첫째 부활이 아닌 5, 6번째 부활인 것이다.

둘째로 첫째 부활이란 살아난 후 다시 죽지 않고 영원한 세계로 들어가는 것을 말하는 말이다.

첫째 부활이란 부활의 순서를 말하는 것이 아니라 한 번 살아난 후 다시 죽지 않고 영원한 세계인 천년왕국과 천당에 들어가는 것을 말한다. 왜냐하면 이들은 첫째 부활만 했지 승천은 안했기 때문이다. 그러므로 본 장에서 말하는 첫째 부활이란 승천하지 않고 살아난 상태에서 영원한 세계인 천년왕국에 들어가고 천당에 들어가는 것을 말한다. 그러므로 공중 재림에 참여한 자들과 첫째 부활에 참여한 자들은 다르다. 공중 재림에 참여한 자들은 이미 부활과 승천을 해서 공중혼인 잔치에 참여한 자들이고, 첫째 부활에 참여한 자들은 후 삼년 반에 순교한 자들로 그들은 살아나기만 했지 승천하지는 못한 성도들이다. 또한 본 장에서는 계시록 7장과 계시록 14장의 시온 산에 있는 공중 혼인 잔치에 참여한 성도들은 다루지 않고 첫째 부활에 참석한 성도들만 다루고 있는데 그 이유는 공중혼인 잔치에 참여한 성도들은 이미 주님과 함께 왕 노릇하고 있기 때문에 굳이 이들을 다룰 필요가 없는 것이다. 첫째 부활에 참여한 성도들은 후 삼년 반에 순교한 자들로 이들이 이제 겨우 살아나 지상혼인 잔치와 천년왕국에서 주님과 함께 왕 노릇할 자들이기에 이들만 집중해서 다루는 것이다.

셋째로 첫째 부활이 이 땅 에서 이루어진 증거는

부활이라는 말의 헬라어 단어는 '아나스타시스, 에겔시스, 자오, 아나자오'이고, 승천이라는 말의 헬라어 단어는 '파랄람바노, 할파조, 아나바이노, 에파이어'이다. 그런데 본 절에서 첫째 부활이라 할 때 사용된 단어가 '자오나 아나자오'인 살아났다는 뜻을 가진 단어만 사용했고 승천했다는 말이 포함되어 있는 단어는 사용하지 않고 있다. 그러나 '할파조와 에파이어'와 같은 단어는 살아난 것뿐만 아니라 승천의 뜻이 들어 있는 단어이다. 그러므로 이는 첫째 부활이 이 땅에서 이루어진 것이며 또한 천년왕국도 이 땅에서 이루어지는 것이다.

관용어적으로 첫째 부활이라는 말은 승천했다는 말이 아니라 살아나서 영원한 세계에 들어갔다는 말이다.

첫째 부활에 참여한 자들이 복이 있는 이유

계시록 20장 6절을 보면 "이 첫째 부활에 참여하는 자들은 복이 있고 거룩하도다 둘째 사망이 그들을 다스리는 권세가 없고 도리어 그들이 하나님과 그리스도의 제사장이 되어 천 년 동안 그리스도와 더불어 왕 노릇 하리라." 하였는데 천년왕국은 에덴동산의 복원(리모델링)으로 이 땅에서 새 예루살렘을 맛보는 곳이다. 그곳에는 의식주 걱정이 필요 없는 기후로 인하여(사 51:3) 공장, 돈벌이, 특수작물을 재배할 필요가 없고 이사야 55장 13절에 보면 가시나무와 엉겅퀴도 없다고 한다(자세한 내용은 저의 책 계 16:14~17:1절을 참고하라).

이에 대하여 초대교회 변증가 이레니우스(AD 130~200)는 천년왕국 생활에 대하여 말하길 "의로운 자들을 위한 참된 안식일이며, 그때 사람들은 노동하지 않고, 온갖 종류의 진미로 그들을 먹이실 하나님 옆에 앉아 그분이 차려 놓으신 식탁을 받게 될 것"이라 하며 천년왕국에서 노동하지 않을 것을 말했는데 이렇게 천년왕국에서도 노동을 하지 않는다면 아버지의 집은 더 말할 것이 없이 노동이 필요 없는 곳일 것이다.

"이 첫째 부활에 참여하는 자들은 복이 있고 거룩하도다." 하고 있는데 첫째 부활에 대하여는 본 장 4, 5절을 참고해 주기 바란다. 그런데 이렇게 첫째 부활에 참여한 자들이 복이 있는 이유는 첫째 부활에 참여한 자들이 공중 재림에 참여했던 성도들과 더불어 천 년 동안 주님과 함께 왕 노릇 할 수 있는 마지막 찬스를 놓치지 않았기 때문이다. "눌째 사망"에서 눌째 사망을 둘째 부활이라 하는데 본 장 14절에서 설명하겠다. '그들이 하나님과 그리스도의 제사장이 되어' 라고 했는데 이 부분은 저의 책 계 1:6절을 참고해 주시길 바란다.

관용어적으로 첫째 부활에 참여한 자들이 복이 있는 이유는 천년왕국에서 주님과 함께 왕 노릇 할 수 있는 마지막 기회를 거머쥐었기 때문이다.

천년 후에 사단을 옥에서 잠시 풀어진 이유

계시록 20장 7절을 보면 "천 년이 차매 사탄이 그 옥에서 놓여"하고 있는데 이 말의 헬라어는 '카이 호탄(까지) 텔레스데(텔레오=성취되다) 타 킬리아(천) 에테(년), 뤼데세타이(뤼오=풀어주다) 호 사타나스(사탄) 에크(밖으로) 테스 휠라케스(감옥) 아우투(그)'로 그 뜻은 '천년이 성취되매 사탄을 그 감옥에서 풀어주다'라는 말로 여기서 "차매"인 '텔레스데'는 어떤 목표에 이르는 것을 의미하는 것으로 하나님께서 정하신 일정기간에 도달하였음을 시사한다. 한편 '옥'은 본장 3절의 무저갱을 의미하고, 계시록 19장 20절에서는 유황불 붙는 못을 말한다.

혹자는 왜 천년 후 사단을 무저갱에서 풀어 주었는지 의문을 품지만 제가 앞에서 여러번 언급했듯이 천년왕국에 입성한 사람들은 첫째로 인 맞은 아내로 공중 혼인 잔치에 참여했던 자들 이고(계7,19:7), 둘째로 살아서 첫째 부활에 참여한 순교자들이고(6절)이고, 셋째로 청함 받은(들러리) 성도들이고(계19:9), 넷째로 대접 재앙을 통과한 1%의 불신자들이다. 이들 모두가 천년왕국에 입성하게 된다. 그런데 이렇게 입성한 자들 중 육체를 가지고 입성한 들러리들과 불신자 1%를 노아 홍수 때와 같이 필터 해야 하는데 그 필터 과정이 마귀를 풀어주어 미혹하게 함으로 믿음을 확인해서 최후의 심판대 이들 중 지옥 갈 자와 천국 갈자를 구별하기 위해서 마귀를 풀어 준 것이다. 이 부분은 본장 3절과 저의 책 계19:20절을 반드시 참고하기 바란다.

관용어적으로 천년왕국이 지난 후 사단을 감옥(무저갱)에서 잠시 풀어준 이유는 필터하기 위해서였다.

곡과 마곡

계시록 20장 8절을 보면 "나와서 땅의 사방 백성 곧 곡과 마곡을 미혹하고 모아 싸움을 붙이리니 그 수가 바다의 모래 같으리라." 하였는데 사람들은 인류 최후의 전쟁을 아마겟돈 전쟁이라 하는데 사실은 인류 최후의 전쟁은 곡과 마곡의 전쟁이다.

"나와서 땅의 사방 백성" 하였는데 이 말의 헬라어는 '카이 엑셀류세타이(엑셀코마이=나가다) 플라네사이(플라나오=방황하다, 미혹) 타 에드네(이방인) 타 엔(안에) 타이스 텟살신(텟사레스=4) 고니아이스(고니아=구석, 모퉁이) 테스 게스(땅들)'로 그 뜻은 '나왔다. 그 땅 사방에 있는 이방인들을 미혹했다'라는 말로 천 년 동안 옥에 감금되어 있던 마귀가 풀려 나와서 그 땅 즉 천년왕국 안에 있는 이방인들을 미혹했다는 말인데 여기서 어떻게 천년왕국에 이방인이 있을 수 있느냐 하겠지만 제가 앞에서 언급했듯이 천년왕국에 입성한 자들 중에는 육체를 가지고 입성한 자들이 있다고 했다. 이들이 바로 마귀에게 미혹되었다는 말이다. 또한 여기서 알 수 있는 것은 천년왕국이 천국에서 이루어지지 않고 '테스(그) 게스(땅들)'라 함으로 이 땅에서 이루어진다는 사실이다.

"곡과 마곡"의 헬라어는 '톤 고그(곡= 적그리스도의 이름) 카이 톤 마곡(적그리스도의 나라)'로 그 뜻은 '마곡 나라의 적그리스도'라는 말로 곡과 마곡은 에스겔 38장을 인용한 관용어로 사람들은 곡과 마곡을 에스겔 38장에 대입해 천년왕국 후에 북쪽인 러시아의 반역이 있을 것이라고 해석하는데 그렇지 않다. 왜냐하면 이는 구약을 인용했기에 관용어이다. 만약 이를 관용어로 인정하지 않고 에스겔 38장으로 받아들이면 요한계시록은 '아포칼립시스(저의 책 계 1:1절을 반드시 참고할 것)'가 되지 못하고 논문 표절이 되어 요한이 계시록을 표절한 것이 된다.

관용어란 똑같은 사건을 말하는 것이 아니라 그 사건의 중요한 의미만 강조하기 위해 사용하는 문법이다. 관용어적 반영이라는 말을 자세히 알려면 저의 책 계 10:9절을 참고하라. 다시 말해 구약에서 잔인무도 하고 흉악무도한 존재하면(적그리스도) 둘이 있는데 첫째는 시리아의 8대왕 안티오쿠스 4세이고, 둘째는 에스겔 38장 15절에 기록되어 있는 곡과 마곡이다. 그래서 골로새서 3장 11절에는 야만인 중에 야만인을 스구디아 인이라 하는데 이 스구디아 인이 바로 마곡 땅의 곡이다. 그래서 성경에서 잔인무도한 사람들의 대표하면 언제나 곡과 마곡으로 표현했다.

이는 관용어적으로 잔인무도한 야만인 하면 이스라엘에서는 곡과 마곡으로 세 살 난 아이들도 알고 떨었다는 말이다. 천년왕국 전의 잔인무도한 적그리스도하면 안티오쿠스였고, 천년왕국 후에 잔인무도한 존재하면 곡인 것이다. 천년왕국 때 1000년 동안 감옥에 갇혀 있으면서 앙심을 품고 있던 마귀가 풀려났으니 그의 횡포는 말로 형용하지 못할 정도였을 것이다. 그러므로 천년왕국 후에 마치 후 삼년 반에 있었던 두 짐승의 미혹과 아마겟돈 전쟁과 같은 전쟁이 다시 일어나게 될 것이다. 이런 제 2차 적그리스도와 제2차 아마겟돈 전쟁과 같은 전쟁이 있을 것을 강조하는 것이 곡과 마곡의 전쟁이다.

'나와서 땅의 사방 백성 곧 곡과 마곡을 미혹하고' 라고 했는데 여기서 보면 곡과 마곡 앞에 정관사 "톤"이 붙어 있음으로 특정 지역인 마곡지역을 의미하는 것 같이 보이지만 사실은 오버랩 기법으로 이 "톤"이 앞의 '사방 백성'이라는 텟사레스(사)와 에드노스(이방인)라는 말을 꾸며준다. 여기서 꾸며준다는 말은 다시 풀이해 준다는 말이다.

그래서 랩 기법을 쓴 것이다. 그러므로 곡과 마곡이라는 것이 북해 지역에서(러시아) 몰려온다는 뜻이 아니라 전 세계에서 몰려온다는 뜻이 되는 것이다. 왜냐하면 이는 계시록 7장 1절과 똑같이 땅 네 모퉁이를 말하는 '타 에드네(이방인) 타 엔(안에) 타이스 텟살신(텟사레스=4) 고니아이스(고니아=구석, 모퉁이) 테스 게스(땅들)'를 쓰고 있기 때문이다. 그러므로 마곡이 지역적인 개념이 아닌 광역적인 개념인 세계 모든 가인의 후손을 말하는 것이다.

그러면 왜 곡과 마곡이라는 말을 썼을까? 이는 곡과 마곡이 미개한 자로 극악무도하고 포학하고 잔인한 사람들의 대명사이기에 천년왕국 후에 배교할 자들이 이렇게 마귀에게 미혹되어 잔인무도하고 포악한 자들이 될 것임을 알려 주기 위해 인용해서 쓴 것뿐이다.

"그 수가 바다의(달랏사) 모래(암모스) 같으리라." 하고 있는데 이는 에스겔 38장 1~16절까지는 곡이 천년왕국 후 세계 연합군을 형성해 구름떼처럼 말을 타고 노도처럼 이스라엘을 공격하게 되기 때문이다. 그들이 이렇게 이스라엘을 공격하는 이유는 이스라엘이 천년왕국의 수도이기 때문이다. 그런데 이때 하나님은 이를 역이용해 참 성도와 거짓 성도를 필터 하는 과정으로 사용하신다는 것이다. 그런데 여기서 놀라운 사실은 천년 동안 평안하던 천년왕국에 마귀를 풀어 놓자 오늘 이 시대와 다름없는 욕심과 황금만능주의와 힘과 권력이 다시 살아나는 시대가 된다는 것이다. 이때 하늘에서 불이 내려 마곡이 망하는데 이 망한 자들을 하나님은 갈고리로 아가리를 꿰서 백보좌 심판대 앞에 세운 후 지옥 불에 던지신다는 것이다. 참고로 곡과 마곡과 북방에 대한 관용어와 그 수가 모래같이 많더라는 말의 관용어는 다음 장에서 자세히 설명하도록 하겠다.

관용어적으로 곡과 마곡의 전쟁은 제2의 적그리스도와 제2의 아마겟돈 전쟁을 의미한다.

수가 모래 같이 많다

계시록 20장 8절을 보면 "나와서 땅의 사방 백성 곧 곡과 마곡을 미혹하고 모아 싸움을 붙이리니 그 수가 바다 모래 같으리라"하고 있고, 창32:12절을 보면 "주께서 말씀하시기를 내가 반드시 네게 은혜를 베풀어 네 씨로 바다의 셀 수 없는 모래와 같이 많게 하리라 하셨나이다" 하고 있고, 창41:49절을 보면 "쌓아 둔 곡식이 바다 모래 같이 심히 많아 세기를 그쳤으니 그 수가 한이 없음이었더라"하며 곡과 마곡의 군대가 모래같이 많았다고 하고 있고, 야곱에게 하나님께서 후손을 모래 같이 많게 하신다고 하고 있고, 요셉이 걷어 들인 곡식이 모래 같이 많았다고 나오는데, 성경에는 많은 수를 표현할 때 흔히 '바다의 모래'에 비유한다(창22:17,창32:12등).

관용어적으로 모래 같이 많다는 말은 수를 셀 수 없이 많음을 말할 때 쓰는 말인 것이다.

곡과 마곡과 북방에 대한 관용어

계시록 20장 8절을 보면 "나와서 땅의 사방 백성 곧 곡과 마곡을 미혹하고 모아 싸움을 붙이리니 그 수가 바다의 모래 같으리라." 했고, 예레미야 1장 14절을 보면 "여호와께서 내게 이르시되 재앙이 북방에서 일어나 이 땅의 모든 주민들에게 부어지리라." 하며 유다의 재앙이 북방에서 시작되어 유다 땅 모든 주민들에게 미칠 것이라고 했다. 여기서 북방은 바벨론을 의미한다. 또한 예레미야 50장 3절을 보면 "이는 한 나라가 북쪽에서 나와서 그를 쳐서 그 땅으로 황폐하게 하여 그 가운데에 사는 자가 없게 할 것임이라 사람이나 짐승이 다 도망할 것임이니라." 하며 북쪽나라에서 시작되어 바벨론을 황폐하게 만든다고 하고 있는데, 여기서 북방은 페르시아를 말한다.

성경을 보면 북방이라는 말이 많이 나온다. 특별히 곡과 마곡이 등장하는 에스겔 38장 15절을 보면 "네가 네 고국 땅 북쪽 끝에서 많은 백성 곧 다 말을 탄 큰 무리와 능한 군대와 함께 오되" 하며 북방나라인 곡이 이스라엘을 침략할 것을 말하는데, 이를 계시록 20장 8절의 곡과 마곡의 전쟁으로 비화한다. 그러나 성경에서 북방이라는 말의 본래 의미를 한정하는 것은 쉽지 않다. 왜냐하면 일반적으로 북방하면 북쪽 끝의 나라로 러시아를 말하지만 성경에서는 러시아를 한정해서 북방이라 하지 않고, 그 뜻이 다양하게 사용되었기 때문이다. 그래서 성경에서 북방나라 하면 그 나라가 어느 나라를 가리키는 것인지 불분명하다.

예레미야는 이 말을 자주 사용했는데 전반부에서는 이 나라의 정체가 분명치 않다가 후반부에 들어와서는 그 나라가 바벨론을 가리키다가 예레미야 50장 3절과 같은 경우는 북방나라를 바벨론을 멸망시킨 페르시아로 말하기도 한다. 사실 페르시아는 바벨론의 북방이 아니라 동쪽에 위치한 나라였지만, 성경에서는 북방으로 말하고 있다. 그래서 성경에서 '북방'은 실제적으로 북방이 아닌 다분히 상징적 의미를 띠고 있다. 그렇다고 성경에서 말하는 북방 민족을 혹자들이 말하는 것 같이 러시아라 단정 지어 계시록 20장 8절의 곡과 마곡을 일으킨 나라를 러시아라 말할 수는 없는 것이다. 왜냐하면 때로는 북방을 앗수르, 아람, 블레셋, 바벨론, 페르시아와 같이 폭넓은 용어로 사용하기 때문이다. 이렇게 성경에서 말하는 북방 민족은 상징적 개념으로 그 용어가 사용되었다.

관용어적으로 유대인들은 북방이란 말을 북쪽 지역에 있어 북방이라 하지 않고, 강력한 흑암(마귀)의 세력을 상징할 때 북방이라는 말을 사용했다.

동방과 서방과 남방과 북방에 대한 관용어

계시록 20장 8절을 보면 "나와서 땅의 사방 백성 곧 곡과 마곡을 미혹하고 모아 싸움을 붙이리니 그 수가 바다의 모래 같으리라." 하고, 요나 1장 3절을 보면 "그러나 요나가 여호와의 얼굴을 피하려고 일어나 다시스로 도망하려 하여 욥바로 내려갔더니 마침 다시스로 가는 배를 만난지라 여호와의 얼굴을 피하여 그들과 함께 다시스로 가려고 배 삯을 주고 배에 올랐더라." 하며 요나 선지자가 앗수르(시금의 시리아)의 수도인 니느웨로 가라는 하나님의 명령을 어기고 다시스로 향했다고 나온다. 여기서 '다시스'는 지금의 스페인 타르테수스인데 그 당시 페니키아 인들은 여기서 많은 은을 수입했다고 한다. 사도행전 1장 8절을 보면 "오직 성령이 너희에게 임하시면 너희가 권능을 받고 예루살렘과 온 유대와 사마리아와 땅 끝까지 이르러 내 증인이 되리라 하시니라." 하며 땅 끝까지 이르러 내 증인이 되라고 했는데 여기서 땅 끝도 스페인을 말하고 있다.

또한 마태복음 2장 1절의 동방박사는 바벨론의 현자라 해서 동방은 지금의 이라크를 말하고, 이사야 43장 6절의 북방은 바벨론이나 페르시아나 앗수르를 의미할 때도 있지만 일반적으로 북방은 러시아의 카프카스와 흑해 북부 지역을 말하고, 남방은 구스인 에디오피아를 의미하지만 가끔은 애굽을 말하기도 한다. 그런데 이렇게 동방과 서방으로 나누어진 경계는 터키와 시리아를 지나는 유브라데 강을 사이에 두고 동방과 서방으로 나누어 졌다고 하지만 사실은 세계의 배꼽인 이스라엘을 중심으로 동방, 서방, 남방, 북방으로 나누어 진 것이다. 왜냐하면 이곳에서 예수님이 태어나고 죽으시고 부활 하시고 또한 아담이 창조 받은 지역이기 때문이다.

여호수아 3장 16절을 보면 "곧 위에서부터 흘러내리던 물이 그쳐서 사르단에 가까운 매우 멀리 있는 아담 성읍 변두리에 일어나 한 곳에 쌓이고" 하며 아담 성읍이 나오는데 여기서 '사르단'은 여리고 북방 약 20km 지점의 요단 강 기슭에 있는 성읍인데, 후일 솔로몬이 성전을 만들 때 이곳에서 놋을 부어 기구를 만들었다(왕상 4:12;7:46). 이곳 가까이에 아담 성읍이라는 아담이 창조 받은 지역이 위치해 있다. 이렇게 주님이 계셨던 장소와 아담이 창조 받은 지역이 이스라엘이기에 세계의 배꼽이 이스라엘인 것이다.

관용어적으로 동서남북은 세계의 배꼽인 이스라엘을 중심으로 나누어져서 동방은 이라크, 서방은 스페인, 남방은 에디오피아, 북방은 러시아이다.

하늘에서 불이 내려와 태움

계시록 20장 9절을 보면 "그들이 지면에 널리 퍼져 성도들의 진과 사랑하시는 성을 두르매 하늘에서 불이 내려와 그들을 태워버리고" 하였는데 이는 8절에서 언급한 것 같이 제2의 적그리스도인 곡과 제2의 아마겟돈 전쟁인 곡과 마곡의 전쟁을 말하는 것이다.

"그들이 지면에 널리 퍼져" 하고 있는데 이 말의 헬라어는 '카이 아네베산(아나바이노=나타나다) 에피(위) 토 플라토스(넓이) 테스 게스(땅)'로 그 뜻은 '그 땅의 넓은 곳에 나타났다'라는 말로 현대어 번역과 같이 그들이 넓은 땅을 차지한 것을 말한다. 즉 그때 육체를 가지고 천년왕국에 들어왔던 불신자 1%가 좋은 환경인 에덴동산과 같은 천년왕국에서 천 년 동안 질병이나 죽음 없이 무한 번식을 해서 인구가 지금과 같이 70억 정도가 되었다는 말이다. 이는 마치 창세기에 가인의 후손이 전 세계를 다 정복했던 것 같이 지금 그런 현상이 다시 나타나 인구가 폭발적으로 증가해 전 세계 땅을 그들이 다 정복하며 살듯이 널리 퍼져 살고 있었다는 말이다. 그래서 가인의 후손과 셋의 후손을 구별하기 위해 노아 홍수가 있었던 것 같이 지금 필터의 과정으로 곡과 마곡의 전쟁이 일어나고 있는 것이다.

"성도들의 진과 사랑하시는 성을 두르매" 하고 있는데 이 말의 헬라어는 '카이 에퀴클로산(퀴클로오=에워싸다 즉 포위) 텐 파렘볼렌(파렘볼레=막사, 성) 톤 하기온(성도) 카이 텐 폴린(도시) 텐 헤가페메넨(

아가파오=사랑하는)'로 그 뜻은 '성도들의 성을 포위하고 사랑하는 도시를 포위했다'라는 말로 이는 성도들이 사는 도시를 포위하고, 또한 하나님이 사랑하는 천년왕국의 수도인 예루살렘을 포위했다는 말이다. 결국 이 말은 천년왕국의 수도인 예루살렘을 차지하기 위해 곡과 마곡이 배교했다는 말이다. 또한 '성도들의 진' 할 때 '진'이라는 말의 헬라어로 '파렘볼렌'인데 이는 군사 용어로 군대의 영문 안이나 광야 생활을 하던 이스라엘 진영을 의미하는 말이다. 그러므로 이 말은 천년왕국에 육체를 가지고 들어온 성도들이(청함 받은 자, 계 19:9) 사는 지역이 따로 있었는데 곡과 마곡의 백성들이 그 곳까지 알고 포위했다는 말이다.

"하늘에서 불이 내려와 그들을 태워버리고" 하고 있는데 불을 고대 이스라엘 사람들은 하나님의 심판을 받아 철저하게 파멸되는 것을 상징하는 관용어로 사용하였다. 검으로 사람을 죽이면 피와 시체가 있기에 계시록 19장 20절과 같이 새들의 잔치가 필요했지만 불로 죽이면 피 한방울도 흘리지 않을뿐더러 시체의 흔적도 없이 깨끗이 정리된다. 그래서 불로 태워 버린 것이다. 또한 이는 육체를 가지고 천년왕국에 들어온 자들을 필터 하는 과정인 동시에 불지옥을 만드는 과정이기도 하다.

관용어적으로 하늘에서 불이 내린 것은 필터 하는 과정인 동시에 우주를 지옥으로 만드는 과정 중 하나이다.

지옥이 완성된 시점은

계시록 20장 10절을 보면 "또 그들을 미혹하는 마귀가 불과 유황 못에 던져지니 거기는 그 짐승과 거짓 선지자도 있어 세세토록 밤낮 괴로움을 받으리라." 하고 있는데 지옥이란 본래 마귀를 가두기 위해 창조한 장소인데 베드로후서 2장 19절에서 말하는 것 같이 진 자는 이긴 자의 종이 되기에 아담이 마귀에게 지므로 그 이후부터는 마귀가 갇히는 지옥에 마귀의 종이 된 사람도 동시에 갇히게 되었다. 이는 마치 주인이 죽으면 종이 같이 죽는 순장제도와 같이 마귀가 지옥에 갇히자 종인 사람도 같이 순장되어 지옥에 갇히게 되었다는 말이다(벧후 2:4).

"마귀가 불과 유황 못에 던져지니 거기는 그 짐승과 거짓 선지자도 있어" 하고 있는데 이 말의 헬라어는 '카이 호 디아볼로스(마귀) 호 플라논(미혹) 아우투스(저희) 에블레데(발로=던지다) 에이스(안에) 텐 림넨(연못) 투 퓌로스(불) 카이 데이우(데이온=유황), 호푸(어디든지) 토 네리온(짐승)' 카이 호 프슈노프톱헤테스(거짓 선지자)'로 마귀를 불과 유황의 못에 던지니 그곳에는 짐승과 거짓 선지자도 있었다는 말인데 여기서 불과 유황의 못인 '덴 림넨 투 퓌로스 카이 데이우'는 '불과 유황의 연못'을 말한다. 이 부분에 대한 자세한 정보는 저의 책 계 19:20절을 참고하기 바란다.

"세세토록 밤낮 괴로움을 받으리라." 고 기록되어 있는데 계시록 19장 20절을 보면 두 짐승이 불붙는 연못(지옥)에 던져졌지만 그들이 고통을 당하지 않았다. 그러나 본 절에 와서 유황불이 붙은 연못에 던져지자 그들이 고통을 당한다고 하고 있다. 이는 지옥이 천년왕국 직전에 창조되어 존재하였지만 영혼 수면이라는 것 때문에 완전한 지옥의 역할을 하지 못하고 있다가 천년왕국이 끝나자 영혼이 수면에서 깨어나 비로소 지옥이 지옥의 역할을 감당하는 완전한 지옥이 되었다는 말이다. 그래서 천년왕국 전의 지옥을 계시록 20장 3절에서는 무저갱, 계시록 20장 7절에서는 옥으로 기록하고 있는 것이다. 왜냐하면 완전한 지옥이 되지 못했기 때문이다. 이 부분은 저의 책 계 19:20절을 참고하기 바란다.

관용어적으로 지옥은 천년왕국 전에 불완전하게 존재하다가 천년왕국 후에 완전하게 존재하게 되는데 그곳은 영원토록 밤낮 고통을 당하는 곳이다.

지옥인 힌놈골짜기 도벳에 대한 관용어

계시록 20장 10절을 보면 "또 그들을 미혹하는 마귀가 불과 유황 못에 던져지니 거기는 그 짐승과 거짓 선지자도 있어 세세토록 밤낮 괴로움을 받으리라." 하고 있고, 예레미야 19장 6절을 보면 "그러므로 보라 다시는 이 곳을 도벳이나 힌놈의 아들의 골짜기라 부르지 아니하고 오직 죽임의 골짜기라 부르는 날이 이를 것이라 여호와의 말이니라." 하며 도벳과 힌놈의 아들 골짜기가 나오는데 '힌놈의 아들 골짜기'를 약칭하여 '힌놈 골짜기'라고도 부른다(수 15:8).

힌놈 골짜기란 예루살렘 성 밖 서쪽에서 남쪽으로 둘려 있는 계곡을 말하고, 도벳이란 가나안 인들이 소중히 여겨 몰렉 사당이 있는 힌놈의 골짜기 가운데 하시드 문 근처의 토기장이 밭 부근에 위치한 바알과 몰렉 산당을 말한다(렘 7:31,32). '도벳'이란 이름은 '태우는 곳'을 의미하는 아람어에서 유래가 되어 히브리어 '토프테'로 이는 '경건한 사람들이 혐오의 표시로 침을 뱉다.'는 뜻의 '투프' 동사에서 파생한 명사로 '화장터'라는 뜻을 가지고 있는데 혹자는 '용광로'라는 뜻도 가지고 있다고 주장한다.

어쨌든 화장터는 사람의 시신을 태워 가루로 만드는 곳이기에 용광로로 해석해도 무난하다. 왜냐하면 사람의 시신을 태우는데 용광로 같은 불로 태우기 때문이다. 이 도벳이 있는 골짜기를 힌놈 골짜기라 해서 우리는 도벳보다 힌놈 골짜기로 더 잘 알고 있다. 이 힌놈 골짜기 가운데 있는 도벳은 아하스와 므낫세 왕 통치 기간에 몰록에게 자녀를 불살라 드리는 유아 인신 제사 장소로도 악명이 높았다. 다시 말해 도벳이라는 장소에서 부모들이 그들의 사녀를 바알과 몰록에게 바치기 위해 아이들을 불 가운데로 지나게 하여 아이들을 산 제물로 태워 바치는 극악한 제사를 드렸던 곳으로 아하스 때부터 시작되어 바벨론 이전 시대까지 계속되었다.

유다 왕 요시야가 이를 막기 위해, 성 안의 모든 쓰레기로 골짜기를 메웠고, 죄인이나 짐승의 시체를 태우는 곳으로 만들어 후에는 화장터와 쓰레기장이 되었다. 후기 전승에 따르면 1세기에도 이 골짜기는 쓰레기를 쌓아두는 곳이었고 연기와 불이 있었다고 한다. 이렇게 쓰레기와 사람을 화장하는 장소로 불이 꺼지지 않기에 마치 지옥과 같다 하여 후에 이곳을 지옥이라고 부르게 되었다.

한편 유대인들의 전통적 묘사에 의하면 '불'은 지옥을 뜻하는 개념으로 생각했다(마 3:12;5:22;18:8;유 1:7;계 20:10~15).
이사야는 이 골짜기에 패역한 사람들의 시체가 누워 있을 것이라고 저주하였으며, 아울러 그 벌레가 죽지 아니하며 그 불이 꺼지지 않을 곳으로 묘사했는데 여기에서 지옥이라는 말이 유래되어(사 66:24) '지옥'을 '게헨나'(마 5:22;10:28)라고 부르게 되었다.

전승에 의하면 가룟 유다는 힌놈의 골짜기 절벽의 나무에 목을 맸으나 그 줄이 끊어져서 바위에 부딪혀 배가 터져 창자가 흘러 나와 죽었다고 하는데 그 장소가 바로 힌놈 골짜기였다고 한다. 주님을 배신했던 가룟 유다는 진짜 지옥인 게헨나에 떨어져 영원히 죽은 것이다. "불과 유황 못에 던져지니" 하는 부분은 저의 책 계 19:20절을 반드시 참고하라.

관용어적으로 힌놈 골짜기 안에 있는 도벳은 지옥인 게헨나를 말하는데 유대인들에게 있어 지옥은 관념적 장소가 아닌 실제적 장소였다.

백보좌 심판과 땅과 우주가 지옥이 되었다.

계시록 20장 11절을 보면 "또 내가 크고 흰 보좌와 그 위에 앉으신 이를보니 땅과 하늘이 그 앞에서 피하여 간 데 없더라." 하고 있는데 여기서 "내가~~보니"는 환상 전환 관용구로 새로운 환상이 전개될 것을 예고하고 있다.

"크고 흰 보좌와 그 위에 앉으신" 하였는데 이 말의 헬라어는 "드로논(보좌) 류콘(흰) 메간(큰) 카이 톤 카데메논(카데마이=앉다) 에프(위) 아우투(그)"로 그 뜻은 '큰 흰 보좌와 그 위에 앉았다.' 하고 있는데 이렇게 백보좌 심판이 진행되고 있다는 것은 천국과 지옥이 완성되었다는 뜻이다. 그런데 여기서 보면 '큰 보좌'라 함으로 이는 24 장로의 보좌가 아니다. 왜냐하면 큰 보좌라는 말이 본 절에서만 나오기 때문이다. 보좌가 크다는 것은 큰 분이 앉으신다는 말로 이는 하나님이 앉으시는 자리라는 뜻이다(요 10:29).

'흰 보좌'라 하였는데 이 보좌가 흰 보좌이기 때문에 학자들은 이 최후의 심판을 일명 백보좌 심판이라 한다. 여기서 '흰'이라는 말의 관용어는 계시록 1장 14절의 저의 책을 참고해 주시길 바란다. 백보좌 심판에 대하여는 본 장 12절을 반드시 참고하라.

한편 '그 위에 앉으신 자'에 대하여 혹자는 두 가지로 해석을 하는데 첫째로 심판하시기 위해서 보좌에 앉으신 분이 예수님이라는 것이다. 왜냐하면 신약성경에서 심판의 권한이 아버지에게서 아들이신 예수님에게 위임되었다고 말하고 있기 때문이다(요 5:22;고후 5:10;딤

후 4:1). 또한 에녹서에서도 메시아께서 심판하시는 것으로 말하기 때문이다(위경 에녹1서 45:3;51:3;55:4;61:8). 둘째로 보좌에 앉으신 이가 하나님이라는 것이다. 왜냐하면 본서에서 '보좌에 앉으신 이'는 하나님이셨으며(계 4:2,9;5:1,7,13;6:16;7:10,15;19:4;21:5), 본 절에 반영되고 있는 다니엘 7장 9,10절에서도 역시 하나님으로 나타나기 때문이다. 그러므로 흰 보좌에 앉으신 분은 하나님이라는 것이다. 보좌에 대한 부분은 저의 책 계 3:21절을 참고하기 바란다.

그러나 사실상 심판의 주체는 예수님이 되실 것이다. 왜냐하면 형상을 가지신 하나님은 예수님밖에 없으시고, 또한 계시록 2장 26~27절을 보면 "그가 철장을 가지고 그들을 다스려 질그릇 깨뜨리는 것과 같이 하리라 나도 내 아버지께 받은 것이 그러하니라." 하며 성도들도 배심원으로 참석해 질그릇을 깨뜨리게 할 것이지만 예수님도 그렇게 하실 것이라 했기 때문이다. 그러므로 백보좌에 앉으신 분은 하나님이시지만 이 심판을 주관하시는 주체는 질그릇을 실제로 깨뜨리시는 예수님이 되실 것이다. 그것도 당신이 생전에 하신 말씀을 가지고 말이다(요 12:48). 이렇게 백보좌에 앉으신 분은 하나님이시지만 백보좌 심판의 주체는 예수님이시기에 어느 곳에서는 하나님이라 하고, 또 다른 곳에서는 예수님이라 하는 것이다.

"땅과 하늘이 그 앞에서 피하여 간 데 없더라." 하고 있는데 이 말의 헬라어는 '프로소푸(프로소폰=얼굴, 앞) 엡휘겐(휴고=피하다, 사라지다) 헤 게(땅) 카이 호 우라노스(하늘), 카이 토포스(토포스=간데, 어디, 지점) 우크(결코~앓다) 유레데(휴리스코=보다) 아우토이스(3인칭=그것들)'로 '땅과 하늘이 그 앞에서 사라졌다. 그리고 그것들이 결코 어디서도 보이지 않았다'라는 말로 이는 하늘과 땅이 '휴고(사라지다)' 해서 사라졌고 그 하늘과 땅이 두 번 다시 결코 보이지 않았다는 것이다. 그래서 이는 백보좌 심판 후, 베드로후서 3장 10절의 과정을 통해 계시록 6장 12~14절의 '여섯째 인을 뗐을 때' "해가 검어지고 별이 떨어지며 하늘이 종이 축처럼 말렸다"고 했는데 지금 이 말씀이 그대로 성취된 것이다. 본 절도 계시록 16장 20절과 같은 휴고와 휴리스코를 쓰고 있지만 계시록 16장 20절은 천년왕국을 위해 큰 산과 큰 섬이 작은 섬과 동산이 되었기에 큰 산과 섬이 없어진 것이고, 본 절에서는 새 하늘과 새 땅의 창조로 인해 땅과 우주가 지옥이 되었기에 아예 하늘과 땅이 없어진 것이다. 이를 증명하는 것이 계시록 21장 1절의 '파렐코마이(소멸하다)'이다. 왜냐하면 우주가 소멸되었다고 하고 있기 때문이다.

관용어적으로 백보좌는 하나님이 앉으신 자리지만 심판의 주체는 예수님이시고 땅과 하늘이 피하여 간 데 없더라는 말은 우주가 지옥화가 되었다는 말이다.

행위책과 생명책에 대하여

계시록 20장 12절을 보면 "또 내가 보니 죽은 자들이 큰 자나 작은 자나 그 보좌 앞에 서 있는데 책들이 펴 있고 또 다른 책이 펴졌으니 곧 생명책이라 죽은 자들이 자기 행위를 따라 책들에 기록된 대로 심판을 받으니" 하고 있다.

"또 내가 보니" 하고 있는데 이는 환상과 내용 전환 관용구로 새로운 환상이 전개되고 있음을 알 수 있다. "죽은 자들이 큰 자나 작은 자나 그 보좌 앞에 서 있는데" 하고 있는데 이 말의 헬라어는 '네크루스(죽은), 므크루스(미크로스=가장 작은) 카이 메갈루스(큰), 헤스토타스(히스테미=서다) 에노피온(앞) 투 데우(하나님)'로 그 뜻은 '하나님 앞에 큰 자나 작은 자나 죽은 자들이섰다' 라는 말로 여기서 죽은 자들은 누구인가? 혹자들은 여러 가지로 말하지만 본 절의 뉘앙스 상 "죽은 자들만 섰다"고 함으로 이는 공중혼인잔치에 참여했다가 지상 재림에 참여한 성도들과 첫째 부활에 참여한 성도들은 열외가 되는 것으로 보인다. 그러나 이들도 형식상 심판을 거치는 것으로 봐야 한다.

왜냐하면 고린도후서 5장 10절을 보면 "이는 우리가 다 반드시 그리스도의 심판대 앞에 나타나게 되어 각각 선악 간에 그 몸으로 행한 것을 따라 받으려 함이라." 하며 심판을 받는다고 하고 있기 때문이다. 그런데 요한복음 5장 24절을 보면 "내가 진실로 진실로 너희에게 이르노니 내 말을 듣고 또 나 보내신 이를 믿는 자는 영생을 얻었고 심판에 이르지 아니하나니 사망에서 생명으로 옮겼느니라." 하며 또한 심판을 받지 않는다고 하고 있다. 그러므로 이 두 가지 말씀을 합치면 결국 공중혼인 잔치와 첫째 부활에 참여한 성도들도 다 심판을 받게 되지만 그러나 이 심판은 형식상 거치는 상급의 심판에 지나지 않는다는 것이다. 또한 '큰 자나 작은 자나' 하고 있는데 이는 관용어상 전체를 의미하는 말이다. 그러므로 공중혼인 잔치와 첫째 부활에 참여한 성도들을 포함하여 전체가 다 심판을 받게 된다는 말이다.

그러나 공중혼인 잔치와 첫째 부활에 참여한 성도들은 전체가 다 주님과 함께 배심원이 될 것이기에 이 첫째 부활에 참여한 성도들과 공중 재림에 참여했던 성도들은 가장 먼저 상급의 심판을 받게 되는데 이는 "천당에 가실 분과 배심원이 될 분들을 호명하겠습니다."(계 2:27) 하는식의 출석부의 이름을 부르는 정도의 심판을 받게 될 것인데 이것이 공중혼인 잔치와 첫째 부활에 참여한 성도들이 받는 백보좌 심판인 것이다. 공중혼인 잔치와 첫째 부활에 참여한 성도들의 심판은 사실 심판이라고까지 할 수 없는데 성경에서 심판이라는 말이 나오기에 심판이라 표현할 뿐 사실은 천당에 갈 분과 배심원이 될 분들을 호명하는 것으로 심판이 대처 될 것이다. 이렇게 천당에 가고, 배심원이 되는 호명이 끝나는 심판이 이루어지면 그 다음에는 신자들이 백보좌 심판을 받고 천국에 가게 될 것이고, 그 다음에는 마귀와 두 짐승이 백보좌 심판을 받고 불 지옥에 가게 될 것이고, 그 다음에 불신자들이 심판을 받아 불지옥에 가게 될 것이다.

"그 보좌 앞에 서 있는데" 이 보좌는 백보좌를 말하는 것으로 본 장 11절을 참고하길 바란다.

"책들이 펴 있고" 하고 있는데 이 말의 헬라어는 '비블리아(책) 에네오크데산(아노이고=열다)'로 그 뜻은 '책들이 펴져 있고'라는 말인데 '비블리아'는 단수 '비블리온'의 복수형이다. 그러므로 여기서 책이 단수가 아닌 책들인 복수임으로 이 책에는 첫째로 불신자의 행위가 기록되어 있고, 둘째로 신자의 행위가 기록되었다고 봐야 한다.

왜냐하면 복수로 되어 있기 때문이다. 그런데 여기서 유의할 것은 이 행위 책에서는 신자들의 행위만 기록되었다고 하고 있지, 성도들의 행위는 기록되었다고 하고 있지 않다는 것이다. 왜냐하면 공중혼인 잔치와 첫째 부활에 참여한 성도들은 천당에 갈 자와 배심원이 될 자로 호명이 불려지는 심판을 가장 먼저 받아 배심원이 된 상태이기 때문이다. 이렇게 이들은 천당 갈 자와 배심원이 될 자로 호명을 받는 심판을 받아 이미 배심원이 되었기에 공중혼인 잔치와 첫째 부활에 참여한 성도들은 행위의 심판에서 빠지게 되는 것이다. 그러므로 공중 재림에 참여하지 못한 신자들만 행위 책에 의해 심판을 받게 되는 것이다. 본 절은 다니엘 7장 10절을 반영한 말씀이다.

"또 다른 책이 펴졌으니 곧 생명책이라." 하고 있는데 이 말의 헬라어는 '카이 비블리온(책) 알로(그 밖에) 에네오크데(아노이고=열다),호에스틴(그는~이다) 테스 조에스(생명, 영생)'로 그 뜻은 '그 밖의 책이 열려 있는데 그것은 생명책이다' 라는 말로 이는 생명책에 기록된 것을 말하는데 그냥 행위 책에만 기록된 자들은 백보좌 심판을 받아 지옥에 가지만 생명책에 기록되고, 행위 책에 기록된 자들은 백보좌 심판시 상급의 심판을 받아 천당이 아닌 천국에 가게 된다. 생명책에 대한 자세한 내용은 저의 책 계시록 3장 5절을 반드시 참고해 주기 바란다.

"죽은 자들이 자기 행위를 (엘곤) 따라 책들에 기록된 대로 심판을 받으니" 하고 있는데 여기서 죽은 자들은 생명책에 기록된 신자나 생명책에 기록되지 않은 불신자나 할 것 없이 영혼이 수면(잠잤던)했던 사람과 곡과 마곡에 배교한 자들 모두를 합친 말이다. 앞에서 언급했듯이 이때 성도들은 형식적인 심판인 천당 갈 자와 배심원이 될 자로 호명을 받는 심판만 받게 될 것이다.

백보좌 심판의 순서를 보면 첫째로 인 맞고 공중 재림에 참여한 성도들과 첫째 부활에 참여한 자들이 천당 가고, 배심원이 되기 위해 먼저 심판을 받고, 둘째로 천 년 동안 영혼이 수면했던 신자가 심판을 받고 천국에 가고, 셋째로 본 장 10절을 보면 마귀가 심판을 받고 지옥에 가고, 넷째로 불신자들이 심판을 받고 지옥에 가고, 다섯째로 곡의 배교에 가담 했다가 죽은 자들이 심판을 받고 지옥에 가게 될 것인데 이때 천사들은 심판을 돕기 위해 수백만의 천사들이 동원될 것이고, 심판을 받을 불신자는 수백억명이라고 다니엘 7장 10절에서 말한다.

관용어적으로 백보좌 심판은 생명책에만 기록된 신자들과, 생명책에도 기록되고 인침 받아 공중혼인잔치에 참여했던 성도들과 첫째부활에 참여했던 성도들과 모든 불신자들이 다 받는 심판이다. 그런데 생명책에도 기록되고 인침 받아 공중혼인잔치에 참여했던 성도들과 첫째부활에 참여했던 성도들은 천당에 가고, 배심원이 되기 위해 호명만 불리는 심판을 받게 되고, 생명책에만 기록된 신자들은 행위의 심판을 받아 천당이 아닌 천국에 가게 되는 심판을 받게 되고, 모든 불신자들은 다 지옥에 가는 심판을 받게 될 것이다. 그리고 성도들은 백보좌 심판 후 새 하늘과 새 땅인 천당에 가서 주님과 함께 영원히 왕 노릇하게 될 것이다.

백보좌 심판의 대상

계시록 20장 13절을 보면 "바다가 그 가운데에서 죽은 자들을 내주고 또 사망과 음부도 그 가운데에서 죽은 자들을 내주매 각 사람이 자기의 행위대로 심판을 받고" 하고 있는데 본 절부터 15절까지는 믿지 않는 자들이 지옥 심판을 받는 장면이 기록되어 있다.

"바다가(달랏사) 그 가운데에서 죽은(네크로스) 자들을 내주고" 하고 있는데 이때는 사실 지옥이 완성되고 천당도 완성된 후, 백보좌 심판을 하기에 계시록 20장 11절의 상태인 "또 내가 크고 흰 보좌와 그 위에 앉으신 이를 보니 땅과 하늘이 그 앞에서 피하여 간 데 없더라." 하며 이미 이 세상이 사라진 상태이다. 그러므로 사실 본 절은 이치에 맞지 않는 표현이다. 그런데 이렇게 표현한 이유는 관용어적 용법으로 가장 수치스러운 죽음을 당한 자도 최후의 심판에서 열외가 될 수 없다는 것을 강조하기 위해 쓴 강조 구문인 것이다. 당시에 시신이 매장되지 않았다는 것은 가장 수치스러운 죽음을 상징하는 것이었다(왕상 13:21,22;14:11;렘 8:1~2). 반대로 버려져 있는 시신을 매장하는 것은 가장 친절한 행위이며 신앙의 행위로 인정되었다. 이런 상황에서 바다에서 죽은 시체의 부활은 가장 수치스러운 죽음을 당한 사람이라 할지라도 반드시 부활하며 심판을 당할 수밖에 없음을 시사하는 말이다.

"또 사망과(다나토스)" 하고 있는데 여기서 사망은 전쟁, 기근, 역병, 야수에 의해 악인들이 무덤도 없이 죽임을 당해 시체가 버려진 것을 말하는 관용어로 이스라엘 사람들은 악인들이 벌 받아 죽을 때 이렇게 죽는다고 에스겔서에서 말하고 있다.

"음부도" 하고 있는데 이 말의 헬라어는 '호 하데스'로 여기서는 뉘앙스 상 구약의 스올의 개념인 무덤 안에 있는 자들을 말한다. 다시 말해 신약의 개념이 아닌 구약의 개념이다. 이 부분은 저의 책 계 1:18절을 반드시 참고하길 바란다.

"그 가운데에서 죽은 자들을(네크로스) 내주매, 각 사람이 자기의 행위대로(엘곤) 심판을(크리노) 받고" 하고 있는데 이는 앞 절 12절의 반복이다. 흰 보좌 앞에 펼쳐진 책, 즉 모든 사람들이 행한 행위에 내해 기록한 대로 보좌에 앉으신 하나님이 심판을 행하시는데 단 한 사람도 누락, 실종, 낙오되지 않고 다 백보좌 심판을 받게 된다는 말이다.

관용어적으로 본 절은 백보좌 심판 시 단 명도 누락시키지 않고 심판을 받게 될 것을 강조하는 말이다.

둘째 사망인 불 못

계시록 20장 14절을 보면 "사망과 음부도 불 못에 던져지니 이것은 둘째사망 곧 불 못이라." 하고 있는데 이 말의 헬라어는 "카이 호 다나토스(육체의 죽음) 카이 호 하데스(음부) 에블레데산(발로=던지다) 에이스(향하여) 텐 림낸(연못) 투 퓌로스(불)"로 그 뜻은 '죽음과 음부를 던졌다. 불의 연못을 향하여'라는 말로 사망과 음부는 13절의 사망과 음부를 말하는 말로 여기서 사망은 죽은 육체를 말하고, 음부는 죽은 불신자들의 영혼이 임시 거처하는 장소로 해석해도 되지만 13절과 연결됨으로 무덤을 말한다고 봐야 한다. 다시 말해 야수나 역병이나 전쟁이나 기근에 의해 죽어 시체가 방치되어 무덤에 장사조차 지내지 못한 저주받은 불신자들의 영혼들이나(사망), 무덤에 장사지낸 죽은 불신자들의 영혼이라 할지라도(음부) 단 한 명도 열외되거나 누락되지 않고 지옥 불에 들어가게 된다는 말이다.

"둘째 사망 곧 불 못이라." 하고 있는데 이 말의 헬라어는 '후토스(3인칭 지시대명사, 불 못) 에스틴(그는~이다) 호 듀테로스(둘) 다나토스(사망)'로 그 뜻은 '불 못 그것은 둘째 사망이라'는 말로 이를 다른 말로 하면 둘째 부활이라는 말로 둘째 부활은 곧 둘째 사망인 영혼과 육체가 지옥에 가는 것을 말한다.

그런데 계시록 20장 5절을 보면 '(그 나머지 죽은 자들은 그 천 년이 차기까지 살지 못하더라) 이는 첫째 부활이라' 하며 첫째 부활에 참여하지 못한 사람들을 향하여 천 년 동안 살지 못하더라 하고 있다. 그런데 여기서 살지 못 하더라 할 때 '살지'라는 말이 부활을 말하는 '아나자오'로 되어 있다. 다시 말해 본 절에서 말하는 둘째 사망에 거할 자들을 향하여 부활 승천했다고 하지 않고 역시 본 장 5절의 첫째 부활에 참여할 성도들과 같이 부활이라는 '아나자오'만 쓰고 있다. 이는 첫째 부활에 참여한 성도들이 부활한 후, 이 땅에 있던 천년왕국에 들어갔기에 승천이라는 말을 쓰지 않은 것 같이 역시 불 못에 들어가는 불신자들에게도 본장 5절과 본 절인 14절에서도 역시 승천했다는 말이 나오지 않고 '아나자오'인 부활만 했다고 나오고 있다. 이는 바로 지옥이 이 땅에서 이루어지기 때문이다. 지옥이 이 땅에서 이루어지기에 이 땅에서 그들이 심판을 받고 지옥불이 된 이 우주에 영원히 던져지기 때문에 승천이라는 말을 쓰지 않고, 부활이라는 말만 쓴 것이다. 이 부분은 저의 책 계6:12~17절을 꼭 참고하길 바란다.

관용어적으로 사망과 음부는 13절의 사람들을 가리키는 말이며 이들이 영원한 불 못이 된 이 우주에서 영원한 저주를 받게 된다는 말이다.

지옥에 불이 점화되는 과정

본 절을 보면 "누구든지 생명책에 기록되지 못한 자는 불 못에 던져지리라." 하고 있는데 이 생명책은 저의 책 계 3:5절과 계 20:12절을 반드시 참고하라.

"불 못에 던져지더라." 하고 있는데 여기서 불 못에 던져지는 자는 짐승과 거짓 선지자(계 19:20)와 마귀(계 20:10)와 13~14절의 불신자들이다.

그렇다면 어떻게 지옥에 불이 붙어 지옥불이 되었을까? 계시록 19장 20절에 의하면 "유황불 붙는 못에 던져지고" 하며 유황불이 붙는 '카이오'에 의해 점화가 되어 비로소 지옥인 불 못이 된다고 했는데 이 '카이오(불을 붙이다)'를 점화시킨 불이 어디서 유출되었느냐는 것이다. 다니엘 7장 9, 10절과 계시록 15장 2절을 보면 유리바다에서 불이 나왔다고 함으로 이 불은 불 섞인 유리바다에서 유출이 되어 베드로후서 3장 12절을 점화시켜 결국 계시록 6장 12~14절 땅이(우주) 지옥 불이 되었던 것이다. 다시 말해 '카이오'를 실제적으로 점화시킨 것은 베드로후서 3장 12절이라는 말이다. 저의 책 19:20절을 반드시 참고하라.

관용어적으로 지옥이 불 못이 되는 과정은 계시록 15장 2절~〉베드로후서 3장 12절~〉 계시록 6장 12~14절이다.

퍼즐 레마 성경 공부

오흥복 목사의 저서 시리즈

헬라어적 관점과 역사론적 관점과 관용어적 관점으로 본
하존 요한 계시록 1권(계1-계3장 까지)

헬라어적 관점이란 개정성경의 각 장의 요절들을 헬라어로 쉽게 해석했다는 말이며 또한 헬라어의 유래를 찾아 헬라어가 이렇게 변했는지 쉽게 설명하고 있다는 말입니다. 또한 역사론적 관점이란 요한 계시록을 역사론적으로 해석하고 있다는 말이며, 관용어적 관점이란 요한 계시록이 관용어로 연결되어 있는 것을 관용어를 찾아 설명하고 있다는 말입니다. (가격 11,000원)

헬라어적 관점과 역사론적 관점과 관용어적 관점으로 본
하존 요한 계시록 2권 (계4-계8장 까지)

요한 계시록은 관용어로 기록되어 있는데 이 관용어를 히브리어로 마샬이라 하는데 마샬을 다른 말로 하면 잠언이란 뜻입니다. 예수님의 비유를 헬라어로 파라볼레라 하는데 이 파라볼레의 유래가 마샬로 되어있습니다. 이 마샬을 쉽게 해석하면, 관용어, 속담, 격언이란 뜻입니다. 그런데 계시록이 바로 이 관용어인 마샬로 연결되어 있다는 것입니다. 그러므로 본 책을 보시면 계시록을 기록할 당시 요한이 이 관용어를 어떻게 사용해서 계시록을 기록했는지 알 수 있게 됩니다. (가격 11,000원)

헬라어적 관점과 역사론적 관점과 관용어적 관점으로 본
하존 요한 계시록 3권(계9-계12장 까지)

계시라는 말에는 헬라어 '아포칼립시스'와 히브리어 '하존'이라는 말이 있는데 '아포칼립시스'는 자연계시, 일반계시, 특별계시, 기타등등의 계시라 해서 광역적인 계시를 말하고, 하존이란 한 가지 주제에 포커스(초점)을 맞추고 집중 조명하는 것을 말하는데 제가 쓴 책인 이 요한 계시록이라는 책이 바로 종말(하존)에 포커스를 맞추고 쓴 책입니다. (가격 11,000원)

헬라어적 관점과 역사론적 관점과 관용어적 관점으로 본
하존 요한 계시록 4권 (계13-계17장 까지)

이 책을 선택하신 여러분은 탁월한 선택을 하신 것입니다. 왜냐하면, 한국에서 헬라어적 관점과 역사론적 관점과 관용어적 관점으로 요한 계시록이란 책을 쓴 사람이 없고, 이 세 가지 입장에서 세미나를 하시는 분도 한 분도 없기 때문입니다. 그러나 저는 이 세 가지 관점에서 이 책을 썼습니다. (가격 12,000원)

헬라어적 관점과 역사론적 관점과 관용어적 관점으로 본
하존 요한 계시록 5권 (계18-계19장,계21-계22장 까지)

관용어란 히브리어로 '마솰'이라 하는데 이 말은 잠언을 말하는 말인데 그 뜻은 "속담, 격언, 관용어"란 뜻을 가지고 있습니다. 그런데 이 마솰에서 비유라는 사복음서의 파라볼레가 유래 되었는데 이를 관용어라 합니다. 그런데 놀랍게도 요한 계시록은 제1장부터 22장까지 이 비밀코드인 마솰(파라볼레=관용어)로 다 연결되어 있다는 것입니다. (가격 12,000원)

헬라어적 관점과 역사론적 관점과 관용어적 관점으로 본
하존 요한 계시록 6권 (계22장)

계시록은 관용어라는 비밀코드로 연결되어 있습니다. 그러므로 이 관용어인 비밀코드를 알지 못하면 요한 계시록은 해석될 수 없습니다. 그런데 저의 본 책이 바로 이 비밀코드를 푸는 열쇠가 될 것입니다. 왜냐하면, 계시록에 나와 있는 관용어를 다 정리해 놓았기 때문입니다. 여기서 관용어란 속담,격언,잠언,비유를 말하는 말입니다. (가격 12,000원)

뉴 동의보감

어느 약사 장로님이 저의 이 책을 보시고 말씀하시길 "허준의 동의보감보다 목사님이 쓰신 이 책이 동의보감보다 더 잘 쓰셨습니다" 하고 말씀 하시는 것을 들어 보았습니다. 그 약사 장로님이 말씀 하신 것 같이 이 책에는 어느 병에는 어느 약초들이 좋은지 그 약초들의 소개로 가득차 있습니다. 저 또한 몸에 병이 올때 제가 쓴 이 책에 나오는 약초들을 사용함으로 거의 대부분의 병을 치료받곤 했습니다.(가격 11,800원)

나는 기도응답을 100% 받고 있다

저자 오흥복 목사는 2003년까지만 해도 기도응답을 거의 받지 못했지만 기도의 방법을 바꾸고 나서 거의 100% 기도 응답을 받고 있다. 이 책에서는 이렇게 거의 100% 기도 응답 받을 수 있는 방법이 제시되고 있다. 여러분들도 이 책에서 제시하는 방법대로 기도하는 순간, 기도응답을 거의 100% 가까이 받게 될 것이다. (가격 12,000원)

기도응답은 만들어 받는 것이다

이 책은 1권인 "나는 기도응답을 100% 받고 있다"라는 책의 후속 편으로 1권을 기반으로 썼기 때문에 1권을 보시지 않고, 이 책을 읽으면 잘 이해가 되지 않는 부분이 있습니다. 그러므로 반드시 1권을 읽으시고 이 책을 대하시길 바랍니다. 이 책은 지금 당장 문제 가운데 있는 분들이 보신다면 흑암의 터널을 통과하는 서광이 될 것입니다. (가격 11,000원)

이젠 돈 걱정 끝

이 책은 물질에 대한 이해와 기본구도에 대해 설명하고 있는데 이 책을 보시면 물질이 어떻게 움직이는지 알게 됩니다. 뿐만 아니라 이 책의 핵심은 번제인데, 번제는 힘으로도 안 되고, 눈물로도 안 되고, 기도로도 안 되던 문제를 해결하는 만병통치약과 같은 것으로 이 번제에 대하여 아주 잘 설명하고 있습니다. 또한 이 책과 "부자들의 이야기 그들은 이렇게 해서 부자가 되었다"라는 책과 한국의 탈무드1.2.3"권은 한 권의 책이라 보시면 됩니다. 그러므로 물질 문제를 해결하기 위해서는 이 책과 부자들의 이야기와 한국의 탈무드1.2.3권의 책을 반드시 같이 보셔야 합니다.(가격 12,000원)

한국의 탈무드 1

이 책은 묵상이 무엇이며, 무엇을 묵상해야 하며, 인생의 답인 지혜에 대하여 자세히 다루고 있습니다. 또한 이 책에서는 솔로몬이 가졌던 지혜를 누구나 가질 수 있음을 말하고 있는데, 그 방법은 4가지를 통해 가질 수 있고, 또한 생활 가운데 그 지혜를 활용하는 방법이 소개되고 있습니다. 사실 이 책과 "이젠 돈 걱정 끝이란 책과 부자들의 이야기 그들은 이렇게 해서 부자가 되었다"란 책은 한 권이라 보면 됩니다. 그러므로 이 책을 보신 분들은 "이젠 돈 걱정 끝과 부자들의 이야기"라는 책을 반드시 참고 하셔야 합니다.(가격 11,000원)

한국의 탈무드 2

이 책은 "한국의 탈무드 1"을 기반으로 쓰여 진 책으로 성공의 원리와 삶의 원리를 다루고 있습니다. 성공도 그렇고, 삶도 그렇고 모든 것에는 원리가 있습니다. 그래서 이 원리에 맞게 움직이면 우리는 누구나 다 성공할 수 있고, 원리에 맞게 움직이지 않으면 공부를 많이 했어도 실패할 수밖에 없는 것입니다. 저는 이 책에서 지혜를 갖는 원리와 성공과 생활의 원리 약80여 가지를 다루고 있습니다. 여러분들이 이 책에 나와 있는 원리를 잘 알고, 적용하시면 아마 100%성공적인 삶을 살게 될 것입니다. (가격 11,000원)

한국의 탈무드 3
하나님이 주신 지혜인 영감과 원리를 가지면 세상을 정복할 수 있습니다. 그런데 이 책엔 이런 원리와 예화가 가득 차 있습니다. 저는 개인적으로 지혜만 가지고 있으면 사막과 황무지에서도 살아남고 성공할 수 있다고 봅니다. 그런데 저의 책 "한국의 탈무드 1.2.3"권이 이런 지혜를 주는 지혜의 보고가 될 것입니다. 이 책엔 2권에서 다 말하지 못한 원리들과 지혜 예화들이 나오고 있습니다. 그러므로 이 책의 원리와 예화를 그대로 적용하시면 아마 100% 성공적인 삶을 살지 않을까 생각합니다. (가격 11,000원)

임재 기도의 힘, 생각만 해도 응답 받는다
이 책은 임재와 기름부음의 차이와, 어떻게 하면 성령의 임재 가운데 있을 수 있는지 아주 잘 설명하고 있고, 또한 어떻게 하면 생각만 해도 응답 받는지에 대하여 잘 설명하고 있습니다. 뿐만 아니라 방언에 대한 오해와 궁금한 모든 것을 아주 자세히 설명하고 있습니다. 이 책을 보시면 누구나 방언을 말하게 될 것이며 또한 '성령을 이해하면 당신도 환상과 예언을 할 수수 있다'라는 책은 이 책의 후속편이오니 참고해 주셨으면 합니다. (가격 11,000원)

성령을 이해하면 당신도 환상과 예언을 할 수 있다
이 책은 "임재 기도의 힘, 생각만 해도 응답 받는다"의 후편으로 성경에 나와 있는 9가지 은사를 어떻게 받으며, 은사를 사용하는지에 대하여 다루고 있습니다. 그 분 아니라 우리의 초미의 관심이 되는 환상에 대하여 자세히 다루고 있으며, 또한 예언하는 방법에 대하여 자세히 다루고 있습니다. 이 책을 읽으시고, 바로 이해만 하신다면 이제는 누구나 환상을 볼 수 있게 되고, 예언을 할 수 있게 될 것입니다. (가격 11,000원)

부자들의 이야기 그들은 이렇게 해서 부자가 되었다
이 책은 록펠러와 빌게이츠와, 샘 월튼과, 호텔왕 콘래드 힐튼과, 워렌 버펫과, 한국의 부자들이 실제로 어디에 어떻게 투자해서 부자가 되었는지 그들의 투자 노하우가 그대로 심층 분석되어 있습니다. 이 책을 보시고 이 책에서 제시하는 방법대로 투자하면 당신도 부자가 될 수 있을 것입니다. 다시 말해 실전 투자 방법들이 소개되고 있습니다. 사실 이 책과 "이젠 돈 걱정 끝과 한국의 탈무드1.2.3권은 한권의 책이라 봐야 할 것입니다. 그러므로 이 책을 보신 후 그 책들을 참고해 주셨으면 합니다. (가격 12.000원)

영적존재에 대한 이야기

이 책은 여섯 가지 영적 존재인 하나님과 천사와 사람과 마귀와 귀신과 미혹의 영에 대하여 아주 자세히 쓰고 있습니다. 이 책을 읽으시면 여섯 가지 영적 존재의 움직임을 자세히 알게 되어 가만있어도 여섯 가지 영적 존재가 어떻게 활동하는지를 알게 될 것입니다. 이 책을 한마디로 말하면 여섯 가지 영적 존재를 아는 필독 도서라 보면 될 것입니다. (가격 11,000원)

다가온 종말론

종말론에 대한 책들이 많이 있지만 이 책은 주님이 보시는 종말론을 기록하였습니다. 저는 감히 말씀 드립니다. 펠라지역을 모르면 종말론을 다시 해야 한다고 말입니다. 그 정도로 종말론에 있어 펠라지역은 중요합니다. 그런데 이 펠라 지역에 대한 정보가 바로 이 책에 기록되어 있습니다. (가격 11,000원)

성경 보는 눈을 열어주는 창세기

우리는 창세기하면 그저 신비로 생각하는데, 중요한 것은 우리가 성경을 아는데 있어 교두보의 역할을 하는 것이 바로 창세기라는 것입니다. 그러므로 우리가 창세기를 잘 알지 못하면 성경을 이해하는데 어려움을 겪게 되어 있는 것입니다. 왜냐하면 성경의 비밀이 창세기 안에 다 들어 있기 때문입니다.(가격 11,000원)

삼위일체와 예수

우리는 삼위일체 하면 굉장히 어려워합니다. 그러나 실제로 삼위일체는 신비가 아니라 아주 쉬운 부분에 해당합니다. 이 책에는 이 삼위일체의 비밀을 잘 설명하고 있으며, 우리가 믿는 예수님에 대한 신비를 이해하기 쉽게 기록하고 있습니다. 그러므로 삼위일체와 예수님에 대하여 알고 싶으시면 이 책을 꼭 보시길 바랍니다. (

가격 11,000원)

상상하며 기도 하면 100% 응답 받는다
이 책은 제가 지난 24년 동안 기도 응답에 대하여 연구하기 시작하면서 응답 받았던 부분을 종합해 본 결과 얻어낸 결론이며 또한 지난 7년 전부터 이 결론을 가지고 임상실험을 해 기도응답을 거의 100% 받은 비밀을 그대로 공개하고 있습니다. 그래서 이 책을 저는 기도응답의 결정판이라 말하고 싶습니다. 여러분들도 이 책에서 제시하는 방법대로만 기도하신다면 틀림없이 100% 받게 될 것입니다. (가격 6,000원)

주님을 눈물로 사랑하면 복들이 온다.
기도응답을 받기 위해서는 우리가 하나님이 사랑하시는 분을 사랑하면 되는데 그 첫째가 말씀이고 둘째는 예수님이십니다. 이 말씀과 예수님을 눈물로 사랑하면 돈을 비롯한 영혼이 잘되고, 범사가 잘되고, 강건한 복을 받게 됩니다. 그런데 이렇게 말씀을 눈물로 사랑하는 방법이 주어 3인칭을 주어 1인칭으로 바꾸면 되고, 주님을 사랑하되 사랑하는 증거를 가지고 있으면 됩니다. 자세한 내용은 이 책을 구입해서 읽어 주시길 바랍니다. (가격 6,000원)

다바르(이름대로 된다)
다바르라는 말은 말이 현실로 되는 창조적인 말을 의미하는 히브리어입니다. 우리나라 말에 '말에 씨가 있다'라는 말이 있는데, 이 말을 성경 식으로 표현하면 바로 다바르가 되는 것입니다. 어떤 사람은 뒤로 넘어져도 코가 깨지고 안 되지만 어떤 사람은 뒤로 넘어져도 일어날 때 돈을 줍고 성공하게 되는데, 이렇게 인생에서 실패와 성공을 좌우하는 이유가 바로 이름 때문입니다. 즉 다바르의 역사 때문입니다. 이 책을 읽어 보시면 이름의 중요성과 다바르의 중요성을 알게 되어 이제부터 성공적인 인생을 살게 될 것입니다. (가격 6,000원)

성경 보는 안경 1 (상)
우리가 성경을 가장 짧은 시간 내 독파할 수 있는 방법이 있는데 그것은 바로 성경의 용어를 잘 이해하는 것입니다. 저는 이 책을 조직신학 해석집이라 할 정도로 성경의 용어들을 읽기만 해도 쏙쏙 해석 될 수 있게 기록했습니다. 그러므로 한번 구입해서 상, 하권 두 권을 읽어 보시면 여러분들이 지금까지 궁금해 했던 성경에 대한 모든 답을 다 찾아낼 것이며 성경에 대한 궁금증이 다 사라질 것입니다. 상하권 두 권으로 되어 있으며 반드시 두 권 다 구입해 읽으셔야 합니다. (가격 11,000원)

성경 보는 안경 2 (하)
이 책은 성경 보는 안경이라는 1권(상) 책에서 다루지 못한 내용을 이어 쓴 2권(하) 책으로 역시 기존에 어렵기만 했던 성경 용어들을 쉽게 볼 수 있게 해석해 놓은 책입니다. 우리가 성경을 단기간에 돌파할 수 방법이 있는데 그것은 성경 용어를 잘 이해하면 됩니다. 그런데 이 책은 1권(상)에 이어 읽기만 해도 성경용어들이 잘 이해 될 수 있게 썼습니다. 한번 구입해 읽어보시면 성경이 쉽고, 재미있다는 것을 알게 될 것입니다.(가격 11,000원)

암과 아토피와 성인병은 더 이상 불치병은 아니다
서양의학의 아버지인 히포크라테스는 말하길 "면역은 최고의 의사이며, 최고의 치료법이다" 라고 했고, 유명한 약학 전문가인 "샤무엘 왁스맨"은"모든 질병을 고칠 수 있는 치료법은 이미 이 세상에 존재하고 있다"라고 말했습니다. 이 책에는 바로 이런 불치병을 치료할 수 있는 방법을 자세히 다루고 있습니다.(가격 11,000원)

약이 없는 병은 없다 1
제가 약초와 한국의 풀들을 연구하며 느낀 것은 세상에 약이 없는 병은 단 한건도 없다는 것이었으며, 또한 사람이 자연수명을 다하지 못하고 죽는 이유가 약이 없어 죽는 것이 아니라 약을 찾으려 하지 않고, 약을 찾았어도 그 찾은 약을 믿지 않고 쉽게 포기해 버려서 죽는 다는 것이었습니다. 이 책을 보시면 모든 병에 반드시 약이 있다는 것을 알게 되실 것입니다. (가격 4,000원)

약이 없는 병은 없다 2
만병통치약은 없어도 모든 병엔 다 약이 있습니다. 이 책에 있는 약초들이 여러분의 병을 치료할 것입니다. 이 책은 한국의 나무와 풀들인 약초에 대한 것이 2권이고, 이 책에서 다루지 못한 부분은 제 3권에서 다루도록 하겠습니다. 여러분들이 이 책을 읽어 보시면 진짜 약이 없는 병은 없다는 것을 알게 되실 것입니다. 제가 이 책을 쓴 이유는 우리 믿는 모든 성도들이 이 책을 읽으시고 120살 까지 건강하게 무병장

수 하셨으면 해서 쓰게 되었습니다.(가격 10,000원)

약이 없는 병은 없다 3
하나님이 주신 나무와 풀인 약초 안에 모든 병에 대한 약인 만병통치약이 있습니다. 이 책에 나와 있는 약초와 풀들이 당신의 병을 치료하는 만병통치약이 될 것이며, 우리가 약초에 대하여 잘 알면 진짜 약이 없는 병은 없다는 사실을 알게 될 것입니다. 저는 우리 성도들이 나무와 풀인 좋은 약초를 드시고 120살 까지 무병장수했으면 합니다. 이 책을 읽어 보시면 120살 까지 장수한다는 것이 결코 불가능한 일 만은 아니라는 사실을 알게 될 것입니다.(가격 10,000원)

세포를 치료하면 모든 병(암)이 치료된다.
우리 몸의 구조는 물이라고 하는 피가 70%이고, 세포가 30%로 구성되어 있습니다. 그러므로 우리 몸에 문제가 생기면 물이라고 하는 피와 세포를 치료하면 자동적으로 병은 치료 되게 되어 있는 것입니다. 그런데 피에 관한 문제는 혈액순환에 관한 문제이며, 세포에 관한 문제는 8가지 당에 관한 문제입니다. 이 책은 바로 이 피와 세포를 어떻게 하면 정상으로 만들 수 있는지를 다루고 있습니다. (가격 4,000원)

구원과 성막
이스라엘 사람들이 아론을 중심으로 눈에(출32:4) 보이는 하나님을 믿기 원하는 것을 하나님은 아시고 하나님은 그들을 심판했지만 한편으로는 눈에 보이는 하나님을 믿고 싶어 하는 사람의 마음을 이해하셔서 하나님의 얼굴인 성막을 주셨는데 그분이 바로 예수님이십니다. 이 책엔 여러분들이 신앙생활하며 궁금해 했던 구원의 3단계와 성막에 대하여 쉬우면서도 심도 있게 다루고 있으니 구원의 확신이 없으신 분들이나 성막에 대하여 궁금 하셨던 분들이 보시면 신앙생활에 많은 도움이 될 것입니다. (가격 11,000원)

침례와 성경
저는 모든 성도들이 반드시 침례를 받아야 한다고 개인적으로 주장하는데 제가 왜 이렇게 강하게 주장하는지 그 이유가 이 책에 나옵니다. 또한 성경이 무엇이며 왜 우리가 성경을 믿어야 하며 또한 사장되어 있는 말씀을 어떻게 레마로 살려내야 하며 어떻게 해야 말씀을 굳게 잡아 말씀이 그대로 이루어지게 하는지 그 방법이 소개되고 있습니다. 그러므로 당신도 이 책에서 말씀 하는 대로 하면 말씀이 레마로 역사하는 것을 체험하게 될 것입니다.(가격 11,000원)

성경의 진수(1)
성경을 입체적으로 볼 때 성경이 한눈에 들어오게 되어있습니다. 그런데 성경을 입체적으로 보는 방법은 성경에 나와 있는 단어들을 바로 알면 됩니다. 그런데 이 책을 포함해 「삼위일체와 예수」,「다가온 종말론」,「영적존재에 대한 이야기」,「성경 보는 눈을 열어주는 창세기」,「성경 보는 안경1(상).2(하)권」,「구원과 성막」,「침례와 성경」,「성경의 진수 1.2권」등 10권의 책을 읽어 보시면 당신도 바로 성경의 전문가 될 수 있을 것입니다. 왜냐하면 이 책들이 바로 성경을 입체적으로 기록해 놓았기 때문입니다. (가격 11,000원)

성경의 진수(2)
성경은 단어들의 연속으로 구성 되어 있습니다. 그래서 성경에 나와 있는 단어들만 완벽하게 이해하고 바로 알기만 하면 성경을 관주해서 볼 수 있게 되어 있습니다. 이 책은 이렇게 당신에게 성경에 나와 있는 용어들을 이해하는데 길잡이가 될 것이며 또한 이 책에 나와 있는 용어를 바로 알면 성경의 진수를 알게 될 것이며 성경을 통달하게 될 것입니다. (가격 11,000원)